Anton Dimitrow Dontschew
Flüchtige Erinnerungen

**Anton Dimitrow Dontschew**

# Flüchtige Erinnerungen

Rediroma-Verlag

Bibliografische Information der Deutschen Nationalbibliothek:
Die Deutsche Nationalbibliothek verzeichnet diese Publikation in der Deutschen Nationalbibliografie; detaillierte bibliografische Daten sind im Internet über http://portal.dnb.de abrufbar.

ISBN 978-3-98885-317-2



Umschlagillustration:



www.rediroma-verlag.de
10,95 Euro (D)

AN MARTINA
Die Fjorde von S. sind unser Strand

Dieses Buch ist ein Spiegel der Wahrheit, nichts ist verzerrt, falsch oder unwahr. Lesen Sie dieses Buch nicht! Es ist sehr langweilig, man verdirbt sich die Laune, ein bitterer Geschmack bleibt im Mund und man sagt: Dieses Buch interessiert mich nicht! Gut! Also - nicht lesen!

(Eine Frau sagt vielleicht: „Gut, dass ich so jemanden nicht geheiratet habe.“) Es geht um den Autor.

Aus kapitalistischer Sicht ist dies eine gründende, edle, erfolgreiche und verherrlichende Tätigkeit – Handel und Finanzen. Bei mir ist es nicht ganz so und diese Tätigkeit wird mir nur aufgezwungen, aber es ist nicht meine Schuld, dass es so ist. Ich habe kein Wort über irgendwelche Mafia-Taktiken erwähnt, von denen ich keine Ahnung habe, außer dass ich von Korruption gehört habe. Es gibt keine Nuance von solchen und verbotenen Dingen in dieser Geschichte. Wenn hier während des Sozialismus etwas passiert ist und es ihm nicht eigen war, wurde es doch ehrlich von Mann zu Mann praktiziert, und weil es real ist, war es normal. Obwohl ich, sobald ich das Buch geschrieben habe, daran interessiert sein sollte, dass jemand es liest. Das ist für mich zweiter und dritter Grad. Das Buch hat für mich einen wichtigen, informativen und erkenntnistheoretischen Wert und ich muss es mir merken. Außerdem war es für mich schwierig, alles in einen guten Zusammenhang zu stellen, so wie es an sich ist, ich habe hart daran gearbeitet! Hier ist jedes einzelne

Wort eine Waffe mit dem Ziel, dass die Dinge gut dargestellt, geklärt und erklärt werden.

Angel Stamow. FLÜCHTIGE ERINNERUNGEN. Lebe ich richtig?

HANDEL, SEINE FINANZIERUNG, DIE FINANZIERUNG AN SICH.

Du hast keine Chance, also nutze sie!

DIE WELT IST MATERIELL, BEWOHNT VON MENSCHEN, bestimmt durch immaterielle Faktoren – SEELE, VERNUNFT, VERSTAND, WÜRDE, EHRE, INTELLEKT, GLÜCK, ZUFALL, FREUNDSCHAFT, BEZIEHUNGEN, GEFÜHL, ZUFRIEDENHEIT, STREBEN, INSPIRATION, FANTASIE, SEHNSUCHT, LIEBE… BEFREIUNG und VERGELTUNG sind hier nicht nur Worte, sondern Begriffe, die das Materielle mit dem Geistigen vereinen - es wird ein besonders gutes und wünschenswertes Ergebnis erzielt, das zu ZUFRIEDENHEIT führt. Noch besser ist es, wenn es um GEWINNEN geht, das nicht nur MATERIELL ist, sondern auch zu geistigem SIEG führt!

DAS LEBEN WURDE VON MIR STÄNDIG BEFRAGT, GECHECKT, ÜBERPRÜFT, GELEITET, GELENKT, OB ES RICHTIG VERLÄUFT.

(Ein Erklärungsversuch des Begriffes HANDEL und des damit verbundenen Termingeschäfts, hier als Fallbeispiel einer Option vom 22.2.1990 erwähnt)

# INHALT

## Einführung - Ein Blick in die Wissenschaften Philosophie, Kommunikation und die Wissenschaft von Divergenz, Inkonsistenz und Falschheit – XYZ.

Ich wiederhole die Grundlagen der Philosophie, die für mich in den folgenden 5 Formulierungen bestehen:

Erstens: Die Welt ist nach Feuerbach materiell.

Zweitens: Hegels Dialektik ist eine Beschreibung der menschlichen Praxis, sie hat auch einen kommunikativen Aspekt, zusätzlich zur Reflexion dessen, was in der materiellen und menschlichen Welt geschieht. Das zweite Gesetz von Marx vom Kampf und der Einheit der Gegensätze passt notwendigerweise hierher. Mir persönlich sollte es, laut XYZ-Wissenschaft, eher darum gehen, die negative Seite zu definieren und philosophisch-programmatisch bekämpfen und umdrehen zu wollen, statt einer "erzwungenen" Einheit zuzuschreiben, die, falls vorhanden, nur als möglich angepriesen werden muss. Ich sage nicht, dass sie fiktiv ist, aber akzeptiert - für eine einfachere Handhabung der Kategorien.

Das nächste, Dritte ist dringend und schicksalhaft!

Drittens: Urteilskraft nach Kant. Alles sollte gemäß der menschlichen Praxis, die die Kriterien für die Beurteilung liefert, genau benannt, erklärt, begründet, aufgezeigt und mitgeteilt werden. Spiegel der Wahrheit! Die allgemeine Erkenntnistheorie (nicht nur die von Kant) ist der wichtigste Teil der Philosophie.

Viertens: Reine Vernunft, nach Kant, menschliches Handeln zu lenken und meiner Meinung nach sogar die Psyche heilen

zu können, wenn sie geheilt werden muss.

Fünftens: Die Wissenschaft XYZ, die in der menschlichen Praxis allgegenwärtig ist. Im dritten Gesetz von Marx, „Negation der Negation", bedeutet dies, dass die Dinge mit der Zeit einen Ersatz bekommen und später der Ersatz einen neuen Ersatz (im Gegensatz zur Metaphysik). Das Thema der XYZ-Wissenschaft sind negative Dinge und Handlungen. Die Bedeutung von Marx hier wird für mich (durch ein Wortspiel, aber nicht nur) zu einer neuen Bedeutung - das Negative immer und überall zu negieren, während das Positive nicht viel ersetzt zu werden braucht. Das PLUS-Zeichen fällt also auch in XYZ auf! Soweit und soviel zu Philosophie.

Paul Watzlawick ist der größte Kommunikationsguru der Welt! Er hatte ein riesiges, gut funktionierendes Institut in San Diego, Kalifornien, wo er Tausende von Professoren ausbildete und jeder von ihnen hatte Tausende von Schülern. Seine Regel ist, dass auf zwei Ebenen kommuniziert wird, d.h. auf der Ebene der Beziehungen und der Umgangsformen, was der Bedeutung nach am wichtigsten ist und auf einer anderen Ebene, der inhaltlichen. Für Watzlawick ist der Inhalt unwichtig.

Bei mir ist es umgekehrt.

Für Watzlawick ist nicht der Inhalt wichtig, sondern die Umgangsformen, die von den Beziehungen der kommunizierenden Personen untereinander abhängen. Mit einem Wort, die Wahrheit kann verschwiegen werden, womit ich nicht einverstanden bin. Im Gespräch teile ich Botschaften und Wahrheiten mit, d.h. mein Gesprächsstoff ist vor allem inhaltsreich.

Es gibt immer eine Entwicklung in der Welt, es kommen und

passieren neue Dinge, für die es wichtig ist, dass sie genau

mit den altbewährten Fallbeispielen erklärt werden, d.h. durch das bereits Gesagte, bereits Bestätigte.

Das Alte wird also immer wieder wiederholt und dient der Bewertung des Neuen. Die Ergebnisse, die in den Rubriken erzielt wurden, sind alt und wenn sie schlecht sind - können sie, um nicht zu irritieren in einem Aspekt vergessen werden, um das Gewissen zu reinigen und Frieden zu bringen, aber es ist nicht verboten - sollten sie zur Erklärung neuer Dinge verwendet werden.

Zum Beispiel waren letzten Sonntag mein Schwiegervater und sein Stiefsohn zu Besuch. Seine Mutter ist die neue Ehefrau meines Schwiegervaters, sie ist in einem Pflegeheim und Schwiegervater und Stiefsohn kommen oft zu Besuch. Der Sohn arbeitete im Deutschen Bundestag als Techniker, jetzt bekommt er eine hohe Rente und im Gespräch sagte er: "Diplomat werde ich nicht werden können." Ich habe ihm im Laufe der Jahre oft gesagt, dass er ein Mann von Substanz ist und sich in erster Linie von Wahrheit und Inhalt leiten lässt, nicht so, wie Watzlawick möchte, dass sich die Menschen von guten Umgangsformen leiten lassen, abhängig von den Beziehungen, die sie miteinander haben. Was Watzlawick will, will auch meine Schwester und bestätigte an der Bar in Sinemorets nicht die Wahrheit, dass ich 22 Flaschen Rotwein der Marke Chianti von zwanzig verschiedenen Weingütern aus Italien mitgebracht habe. Ich aber möchte der Bardame eine Flasche abgeben. Meine Schwester will, was ich nicht wusste, dass ich alleine zurechtkommen soll und sie will mir beim Schenken nicht helfen, sie lässt sich von der Art des Gesprächs leiten, nicht vom Inhalt, den sie nicht bestätigen

will, obwohl sie die einzige ZEUGIN für die 22 Flaschen ist, die

ich mit dem Auto aus Deutschland mitgebracht habe. Die Manieren, wie in diesem Fall, sind vielleicht nicht gut, da meine Schwester mich beschimpft und zum Teufel geschickt hat - aus dem Grund heraus, ich wollte sie benutzen, wenn ich ein Geschenkproblem hatte - die Bardame wollte nicht, dass ich ihr eine Flasche Chianti schenke. Ich wollte meine Schwester nicht benutzen und ich dachte, dass dies keine Hilfe von meiner Schwester war, sondern lediglich eine Bestätigung von JEMANDEM, einer Wahrheit, dass die Flaschen 22 sind und nichts weiter. Aber wie kann ich Watzlawick zustimmen, dass diese Bestätigung des Inhalts (den er verschweigen will und lügt, dass er nicht wichtig ist) tatsächlich eine Hilfe ist?.

Ich stimme nur zu, wenn zuerst die Wahrheit gesagt wird, und erst DANACH in Betracht gezogen wird, dass sie hilfreich sein könnte. Manchmal ist es natürlich überhaupt keine Hilfe, sondern eine nackte Wahrheit!

Ich denke, dass die etablierten Antworten und Lösungen auf die Aufgaben, die ich mir zumindest gestellt habe, dazu dienen sollten, Kommendes und Zukünftiges zu erklären. Um dem Stiefsohn meines Schwiegervaters zu erklären, dass er kein Diplomat wird, weil er die Anforderungen von Watzlawick nicht erfüllt.

DAS GENAU WIRD NICHT GETAN!

OBWOHL ANDERE PERSONEN AM TISCH SIND, DIE VON WATZLAWICK WISSEN, MELDEN SIE SICH NICHT AN, UM SACHEN ZU KLÄREN und zu erklären, wer Diplomat wird (zum Beispiel meine Schwester) und wer nicht (jemand wie ich). Das bedeutet für mich, dass es Menschen gibt, die nicht

kommunizieren und kein Interesse daran haben, bestimmte

Dinge zu klären UND deren Wesen, geschweige denn ihre Bedeutung verstehen.

All dies betrachte ich als eines von vielen Beispielen, die in Zukunft noch auftauchen werden und entsprechend zusätzlich erläutert werden sollten.

Ich zeige meiner Schwester einen Fernsehbericht - die Isolierung der Hauptleitung, die Sofia mit Heizdampf aus dem Heizkraftwerk versorgt, ist an vielen Stellen über mehrere zehn Meter gerissen und die Wärmeenergie geht teilweise in die Luft. Sie sieht nicht und will nie sehen, was ich zeige und randaliert gegen den Besitzer des Fernsehsenders, was für ein Einfaltspinsel er war – das verrät ihre Beziehung, Haltung und Eigenart mit der Person, zu der sie Verbindungen hat und sie erfährt nichts über den Inhalt dessen, womit ich mich beschäftige. Wenn wir uns dieses Beispiel genau ansehen, werden wir erfahren, dass es hier zu einer Vereinigung der beiden Ebenen von Watzlawick zu einer verschmolzenen dritten Ebene kommt, was er selbst nicht ahnt, weil er die Ebenen immer voneinander unterscheidet. Bei der verschmolzenen Ebene geht es speziell um Inhalt (ein Spiegel der Realität, wie sie ist – eine nackte Röhre, die von einer Filmkamera gezeigt wird) und darüber hinaus, WER zeigt sie so, wie sie ist. Die anderen, als schweigend und still sich erweisende Fernsehkanäle zeigen es nicht und verbergen es. Sie verbergen die Wahrheit und den Inhalt. Dieser Sender zeigt die Wahrheit, was nicht nur nicht schlecht, sondern sogar gut ist! Hier verschmilzt Wahrheit auf der inhaltlichen Ebene mit der Haltung des Autors der Sendung und somit zu den Verbindungen der Zuschauer. Diese Einstellung und

Verbindung zum Autor sollte positiv sein, aber die Menschen

markieren sie nicht als solche, sondern orientieren sich an

anderen Handlungen und Missetaten des gleichen Autors, die sie als negativ empfinden, sodass dieser Autor keine Chance hat – was auch immer er tut, hinterlässt er Menschen mit einer NEGATIVEN Ausstrahlung. Ich übe hier keine Kritik, sondern sage nur, was die Leute tun, mit der Einschränkung, dass die Dinge kompliziert sind und differenziert werden müssen, um das richtige Bild zu erhalten.

Ich kaufe ein Auto und meine deutsche Frau mahnt mich, das wichtige Sonderdokument Kfz-Brief zu besorgen und aufzubewahren, in dem alle Vorbesitzer des Autos in Deutschland aufgeführt sind. Für meine Frau bin ich einfach, verantwortungslos und jemand, den die Leute anlügen können und sie sagt es mir am Telefon. Meine Schwester sagt, dass ein solches Dokument in Bulgarien nicht existiert, das wäre schon eine inhaltliche Aussage, und es wäre mitteilenswert, aber wenn ich ihr mein Handy gebe und sie soll es meiner Frau sagen - meine Schwester weigert sich, geht von der

Inhaltsebene zu der anderen von Watzlawick empfohlene Dummy-Gesprächsebene. Meine Schwester sagt meiner Frau nicht, was wahr ist, obwohl die Wahrheit in diesem Fall meiner Schwester bekannt ist - dass ein solches Dokument für ein Auto in Bulgarien nicht existiert. Sie weigert sich, Inhalte zu bestätigen, die sie kennt, sie ignoriert und verschmäht das, was für mich das Wichtigste ist. Ich nehme ihr das Telefon aus der Hand und schlage es auf die Bodenfliesen, bis es in Stücke zerbricht! So waren immer unsere Beziehungen seit 33 Jahren. Sie sagt immer, dass ich etwas wiederhole und ich antworte, dass in der Kirche auch

über die Geburt, den Lebensweg und den Tod von Jesus

Christus berichtet wird – milliardenfach.

Bei einem Drink in der Kneipe des Hauses Kristjo in Sinemorets berichtet Kitschkas Enkel Milan, wie er zweimal versucht hat, sein Geld (Gehalt von einer Firma, in der er in Deutschland gearbeitet hat, das wahrscheinlich nie auf ein Bankkonto überwiesen wird) an einem Geldautomaten zu bekommen, aber erfolglos und beim dritten Mal bleibt seine Karte im Geldautomaten stecken und er muss nach Burgas, dann in die Zentrale der Bank in Sofia, um seine Karte zurückzubekommen, alle am Tisch haben Spaß, lachen und genießen es, sogar im guten und nicht böswillig, woraufhin sage ich schließlich, dass es für einen Mann nicht schlecht ist, eine

Geldreserve zu haben, damit solche Probleme nicht entstehen, meine Schwester ärgert mich, dass ich für die Leute ein Einfaltspinsel bin und dass ich mich nicht als eine Art Held und Faktor für mich durchsetzen kann - und sie als Schwester und auch sonst niemand respektiert mich, aber sie wollte, dass ihr Bruder respektiert und bewundert wird, was für die Watzlawicks Gesprächsebene charakteristisch ist. Das ist mir doch egal! Ich möchte bei der Trinkrunde nur eine Wahrheit, im Grunde einen Inhalt und etwas Richtiges sagen, zum Beispiel, dass es nicht schlecht ist, eine Geldreserve zu haben, und ich sage es, wobei ich mir fast sicher bin, dass ich die Anwesenden nicht mit dem Unsinn und Ärger einer XYZ-Lektüre belästige.

Ich brauche die Tausenden anderer ähnlicher Fälle nicht aufzuzählen, um zu vermitteln, was ich hier meine. Ich sage dem Kuchenbäcker aus Sinemorets, einem Nachbarn des Hauses Kristjo, dass es schwierig und fast unmöglich ist, ihm

in Dresden einen Ort zu beschaffen und anzuweisen, wo er

Kuchen verkaufen kann – der Ort muss viele Passanten haben

und die Türken in Dresden haben all diese Orte eingenommen und untereinander verteilt. Bei der Verteilung haben sie sich gegenseitig bekämpft. Wie werden wir, ich und der Bäcker, uns durchsetzen können? Für meine Schwester ist dies ein weiterer Beweis dafür, dass ich in Sinemorets nicht geliebt werde und genau das will sie. Es wäre schön, wenn der Bäcker mich respektieren würde, aber wie verdiene ich mir seinen Respekt und sein Vertrauen? Wenn ich zu Watzlawick gehe, werde ich zum Heuchler und mache dem Konditor Hoffnung, dass auch er eine Chance hat, in Dresden Kuchen zu verkaufen? Und wenn die Zeit vergeht und er das Gefühl hat, dass ich ihn angelogen habe? Verdiene ich mir so seinen Respekt? Für mich ist es besser, ihm eine sinnvolle Wahrheit mitzuteilen - genau das, was für Watzlawick nicht wichtig ist!

Bei Watzlawick treten unvermeidliche Heuchelei, Ignoranz und Ungenauigkeiten bei der Notenvergabe auf!

Abschließend habe ich eine Botschaft: Die Kommunikation mit Menschen nach Watzlawick Rezept ist eine STRAFE, aber kein ehrliches, sinnvolles, erfülltes und freies Leben!

## Kapitel 1 - Change in den 1980er als Handelsfaktor

Ich beschäftige mich seit langer Zeit aktiv mit dem Handel, dieses Konzept ist mir, so könnte man sagen, seit meiner Kindheit bekannt, wie es allen Menschen auf der Welt bekannt ist. Das ist ungefähr die einfachste Sache der Welt.

Beim Handel - etwas zu einem niedrigeren Preis kaufen und

zu einem höheren Preis verkaufen - geht es darum, die

Differenz zugunsten des Händlers zu verdienen oder einen Teil des Preises zu sparen, wenn der Käufer billiger kauft, ohne dass er Händler ist. Beim Austausch von Geld, Aktien, Metallen, Lebensmitteln, Indizes und Dutzenden anderer Dinge an der Börse ist es das gleiche - Sie kaufen billig und verkaufen teurer. Das ändert sich nie, es bleibt für immer. Warum wurden dann Tausende dicke Bücher über den Handel und die Börse geschrieben? Ist noch nicht alles klar?

Lassen Sie uns jedoch Ergänzungen zum "Offensichtlichen" haben.

Die Wissenschaft des Marketings besteht aus vier Konzepten, die mit dem Buchstaben pppp beginnen. P Produkt, wenn Sie wissen, was Sie in seinen Produktvariationen handeln müssen. P Preis, zu welchem Preis. P platzieren, wo und wie Sie es distributieren. P Promotion, Werbung usw. Wenn die Dimension Zeit an der Börse verwendet wird, wird deutlich, dass sich der Preis von Gegenständen, Gold, Aktien und anderen Dingen jede Sekunde ändert, der variable Preis ist der Kurs. Eine weitere Ergänzung (neben den Faktoren Kurs und Zeit) zum Handelskonzept ist das Geld, mit dem gehandelt wird, meist eigenes, persönliches, aber auch geliehenes. An der Börse ist es Bedingung, sich nur mit dem Geld zu beteiligen, das man nicht für Ausgaben im Leben braucht, es ist das überschüssige Geld. Das ist es, aber nur aus moralischer Sicht.

Ich hatte mir schon Geld für den persönlichen Bedarf geliehen gehabt, um mit einer Freundin in einen Tanzclub zu gehen, um auf Kredit ein Tonbandgerät oder einen Kontrabass zu kaufen usw. Also als ich mir von einem Freund

Geld geliehen habe auf den Parkplatz der TIR-Lastwagen zum

Ankauf von Westgeld, (4.8.1986) fiel mir nicht auf, dass da ein

Unterschied war und dass dieser Kredit eine s.g. Leverage- Finanzierung bedeutete. Es stellte sich heraus, dass ich bis zu diesem Zeitpunkt nur eine sehr vage Vorstellung davon hatte, was Trading ist – im Gegensatz zu dem, was ich vor einiger Zeit hier geschrieben hatte, dass ich es seit meiner Kindheit wusste. Die Tatsache, dass ich in meinem Leben bis dahin hunderttausende Dinge gekauft hatte, machte mich noch lange nicht zum Käufer-Verkäufer, bzw. Händler und Trader.

## Kapitel 2 - Leverage Effekt. Taxifahren.

Die bulgarische Wikipedia sagt, dass Leverage Effekt eine Fremd- und Schuldenfinanzierung ist. Ich verstehe, dass der Leser mit der Fremdfinanzierung ein Auto für den persönlichen Gebrauch kaufen kann, um zur und von der Arbeit zu kommen, in ein Urlaubsressort oder auf einen Ausflug zu gehen und eine Wohnung zu kaufen um dort zu wohnen, aber nicht, um es zu vermieten. Dies ist ein Beispiel dafür, dass auf einer hohen Ebene wie Wikipedia, die Dinge nicht so klar gemacht werden, wie sie sein sollten! Die Texte auf Wikipedia kann jeder korrigieren und ich hätte schreiben können, dass es hier bei der Fremdfinanzierung nicht um Konsumkredite geht, sondern um UMSATZ.

Der Gewinn aus dem Umsatz gibt das Kapital und die Zinsen an die Bank zurück, und der Rest ist der Nettogewinn. Hier setzen sie automatisch den Koeffizienten „Nutzen auf verfügbares, persönliches Kapital" und stellen fest, dass es einen schrecklich hohen Prozentsatz als Vorteil hat. Das ist so,

aber meiner Meinung nach ist es unnötig dies zu schreiben, zumindest ist es unwichtig, denn wenn Sie Pech haben, kann

der Nutzen negativ sein (ein Verlust), und das wird nicht

gesagt. Darüber hinaus dient das Verhältnis des Nutzens des persönlichen Kapitals in der Praxis des

Händlers zu nichts - es wird nirgendwo verwendet! Für den Unternehmer, Händler und Trader ist es wichtig, das als Hebel aufgenommene Darlehen zurückzugeben, die Linie zu ziehen und darunter zu sehen, wie viel es im Plus ist, hoffentlich nicht im Minus und es ist ihm egal, wie dieses Plus erreicht wurde - ob mit seinem eigenen Geld oder mit fremdem Geld. Das Wichtigste für ihn ist, seinen Kredit zurückzubekommen, denn er hat keine Möglichkeit, ihn früher oder später nicht zurückzuzahlen.

Ich habe diese beiden Dinge auf Wikipedia nicht korrigiert, lass sie unerklärt bleiben! Wie auch immer, die Leute wissen nicht, welche Hälfte der Welt auf Hebelwirkung mit Leverage aufgebaut ist. Soll ich die Menschen lehren und ihnen die vielen wahren Dinge mitteilen, die ihnen zweifellos dienen würden? Ich bin mir sicher, dass sie sich mit meinem Buch langweilen, aber trotzdem schreibe ich weiter daran.

Der Begriff der Hebelwirkung ist für mich gleichbedeutend mit dem Begriff eines Bananendampfers, nicht eines Schiffes, sondern eines Dampfers, denn mit solchen wurden nach etwa 1855 Bananen von Costa Rica nach Hamburg transportiert, mit einem geliehenen Dampfer mit einem Bankdarlehen von Hapag Lloyd, und die gekauften Bananen wurden ebenfalls auf Kredit gekauft. Dies geschah, ohne dass die Händler jemals das Wort Leverage gehört hatten, das der Name eines Serben oder Kroaten ist, der diese Art von Kredit fünfzig Jahre

später, um 1906, an der New Yorker Börse definierte.

Entlang des Schwarzen Meeres in Bulgarien haben viele Russen Wohnungen gekauft, und ich hatte die Gelegenheit - weil ich eine Umfrage unter Hunderten von Menschen aller Art durchführe, ob die das Wort Leverage gehört haben –

zwei russische Frauen beim Kaffee zu befragen - eine Mutter und eine schöne Tochter, beide Diplom-Volkswirte. Die Mutter war in hoher Position in der russischen Botschaft, in der Handelsvertretung in Addis Abeba tätig. Keine von ihnen hatte davon gehört. Als ich erklärte, worum es ging, wurde die Mutter sehr wütend auf mich und sagte mir, was für ein Dummkopf ich sei, dass es verboten sei, Geld zu leihen, sondern nur mit dem Geld zu handeln, das man zur Hand habe.

Welch heilige Armut für die Mutter, eine „Prophetin“ der Wirtschaftswissenschaften und des Handels! So erklärte ich mir, warum es in Leningrad keinen kiloweise verpackten Kaffee gab, als ich im November 1976 dort auf einer Exkursion war und zuvor in Dresden mir gesagt wurde, dass es dort billigen Kaffee gäbe - warum nicht als armer Mensch dort Kaffeebohnen kaufen, entweder aus Äthiopien oder aus einem sozialistischen Land wie Angola - einem großen Kaffeeproduzenten, wo die Russen die neue Wirtschaft anführten, nachdem das Land keine Kolonie Portugals mehr war. Es war ein Rätsel, warum es in Leningrad keinen Kaffee gab, in Hamburg aber schon 1855 Bananen. Nach dem Treffen mit den beiden Russinnen gab es für mich keine Geheimnisse mehr und mir war alles klar.

In Pomorie, im Café Zaharo, konnte ich nicht widerstehen,

eine weitere Umfrage durchzuführen, in diesem Fall unter sechs Russen, die an einem gemeinsamen Tisch zu Bier,

Wodka und Salat saßen. Dies geschah Anfang Oktober 2021.

Niemand hatte vom Leverage-Konzept gehört.

Nachdem ich es ihnen ausführlich auf Russisch erklärt hatte, teilte ich ihnen mit, dass ihr Vertreter in Addis Abeba in den

achtziger Jahren diese Art des Handels nicht billigte. Beim

Verlassen des Restaurants gab mir ein Russe einen Daumen nach oben - ein Zeichen der Zustimmung mit mir. Also – Leverage ist Fremdfinanzierung des Umsatzes, aber nicht des Konsums! Es ist nicht schlecht, dieses Wort zu kennen und zu verwenden, obwohl viele Menschen noch nie davon gehört haben. Übrigens, Bankangestellte in Lovech, Yambol, Burgas usw. sie kannten das Wort Leverage nicht, ebenso wie viele Studenten aus Sofia - das Ergebnis meiner Nachforschungen. Auch über Watzlawick – niemand hatte von ihm gehört.

Ich habe unbewusst eine solche Hebelwirkung genutzt, als ich 1986 1000 Westmark kaufte, die mir von einem Mann angeboten wurden, der Ostgeld brauchte und er sah, dass ich ein Opel-Auto fuhr und dachte, ich bräuchte Westgeld, um es zu reparieren und zu warten. In diesem Fall, nach Meinung des Anbieters, sollte also das Geld für private Zwecke benutzt werden. Es sollte nicht gehebelt werden, da es kein Umsatz vorgesehen war. Es gab im Prinzip auch keine Pflicht dazu. Nur einmal von Hunderten von Malen bot mir jemand Westgeld an, ich musste immer Leute, Lastwagenfahrer und andere, darunter auch einige Frauen, überzeugen, belästigen, belasten und zwingen, mir Westgeld zu verkaufen. Ich habe das gekaufte Westgeld für Ostgeld verkauft und zuvor das Ostgeld zum Kaufen geliehen von der neuen Ehefrau meines

Schwiegervaters.

Sie war sehr zögerlich, wollte sie es mir nicht geben und

erklärte mir dass Schecks einzureichen kompliziert ist, aber ich sagte ihr, sie wird auf ihrem Konto sehen, dass das Geld abgebucht wurde, warum sollte mir die Bank das Geld nicht geben? Das Gespräch wurde schroff, um nicht zu sagen zänkisch. Ich habe sie in Bedrängnis gebracht, und sie hat mir ihre Schecks über mehrere tausend Ostmark unterschrieben

(der Betrag eines Schecks war auf 500 Mark begrenzt), ich habe auch etwas Geld von mir hinzugefügt, als ich die 1000 DM gekauft habe.

Mein Schwiegervater sagte, dass er mir die Hälfte des Westgeldes nehmen würde, damit ich weniger zurückzahlen müsste, d.h. um es mir leichter zu machen, wollte er mir helfen. Er konnte sich überhaupt nicht einmal vorstellen, dass er mir die Hälfte meines zukünftigen und bevorstehenden Gewinns wegnahm und an sich riss. Selbst mir war es noch nicht einmal bewusst, dass mit dem Verkauf von Westgeld, etwas zu gewinnen gäbe. Ich war sprachlos, aber ich hatte keine andere Wahl, als zuzustimmen - ich wollte auch mit einem kleineren Gewinn zufrieden sein. Wenn ich ihnen gesagt hätte, dass ich das Westgeld verkaufen würde und ich den ganzen Gewinn daraus ziehen wollte, hätte ich sie beide beleidigt, ich hätte sie in eine Position gebracht, dass sie mir helfen, ich aber hinter ihrem Rücken handele und gewinne, so dass sie eifersüchtig sein müssten, es passiert mit ihrem Geld!

Nachdem ein halbes Jahr vergangen ist, seit ich diese Zeilen geschrieben habe, kam mir eine andere Idee in den Kopf, eine andere theoretische Version meiner Entscheidung. Es war gut, dass ich mich aufmachte, dem unbekannten Mann die tausend Westmark abzukaufen, durch Druckmittel gegenüber der neuen Ehefrau meines Schwiegevaters, bzw. duch Leverage, womit ich aus dem Nichts zum „halben Mann“ wurde. Um ein „ganzheitlicher“ und korrekter Mensch zu werden, musste ich für mich selbst denken und handeln – egoistisch, prinzipientreu und grundlegend. Ich musste meinem Schwiegervater sagen, dass ich ihm die Hälfte des Westgeldes gebe, aber nicht im Verhältnis eins zu vier, sondern eins zu fünf, und ich müsste ihm 1.500 Ost zurückgeben, statt 2.000. Wenn er will! Wenn er es nicht will - ich gebe den gesamten Betrag als Ostgeld zurück, so wie ich es bekommen habe. Und warum habe ich ihn in das Geheimnis einweihen sollen, dass ich vier zu eins kaufte? Weil ich ehrlich und „Ein halber Mensch“ bin. Um ein „ganzheitlicher“ Mensch im Geschäft und im Leben zu sein, muss man nicht nur darüber, sondern auch über vieles andere schweigen! Dies gilt natürlich nicht für Natur- und Ingenieurwissenschaften! Da darf man sich und andere nicht belügen und man darf über nichts schweigen, was auch immer es ist. Da arbeitest du mit hundertprozentiger Wahrheit. Aber es ist nicht schön, „nur“ Ingenieur zu sein – so wie ich einer war. An Hunderten und Tausenden von Stellen, Ecken und Kanten müssen Menschen dienen, so wie Watzlawick gelehrt hat! Erfolgreich sein, nicht nur in der Politik, wo diese seine Machart Pflicht ist!

Ich schweife ab, aber hier muss ich sagen, dass ich bis zum 4.8.1986 nicht wusste, was der Begriff

Geldwechsel bedeutet, obwohl ich schon dutzende Male von Ost- auf Westgeld für verschiedene Zwecke, symbolisch gesprochen, für Radiokauf gewechselt hatte. Ich hatte nicht gehört, dass es in Dresden so einen Platz gibt, wo man Westgeld kaufen kann. Ich lebte schon seit 25 Jahren hier, ich war nicht dumm, und als Diplom-Ingenieur war ich übrigens Mitgestalter des ersten Modems für die Übermittlung digitaler Daten im Block der

sozialistischen Länder. Es war keine einfache Sache, es erforderte viel Fleiß und Intelligenz und einige Ingenieure in der Gruppe wurden mit einem Staatspreis ausgezeichnet! 1969, Januar hatten wir einen Vorläufer des Internets - vernetzte Computer online in Dresden, Berlin, Leipzig, Moskau usw. und ab 1972 auch in Sofia. Als Lazar mich bat, ihn am 04.08.1986 zum „Wechselladen“ zu bringen, wusste ich nicht, wo und was das Ding war. Ich sagte ihm, ich würde

kein Geld wechseln. Warum? "Weil ich schon ein Radio habe, aber ich habe auch kein Ostgeld, um es zu wechseln" - antwortete ich ihm. Er sah mich mit einem Blick an, den ich nie vergessen werde, er wollte mit einem Blick sagen: Bist du verrückt oder fängst du gerade an auszuflippen!

Dieses "Radio" ersetzte als Konzept ein Dutzend oder mehr Dinge, die ich mit Westgeld gekauft hatte - einen Kassettenspieler, einen Walkman, Kassetten, einen Shuo Denki-Plattenspieler, einen empfindlichen UKW-Empfänger, einen Tuner zum Empfang entfernter westlicher Sender, Schallplatten, Kassetten, ein Kassettenradio im Auto usw. und Vorräte für die Töchter. Lazar, ein kleiner Junge, der gerade aus Sofia angekommen war und etwas Geld von seinem Gehalt beiseite schieben konnte, sagte: „Ich werde dir mit Geld dienen“, er hatte das Gefühl, dass die getauschten Mark unter den Geldwechslern aufgeteilt wurden und er wollte meinen Anteil davon bekommen, womit ich einverstanden war. In meinem ersten Kampf war ich nur ein fiktiver Wechsler. Dann habe ich gemerkt, dass Westgeld woanders schnell verkauft werden kann, um Gewinn zu machen und ab dem nächsten Tag war ich aktiv dabei. So viele Menschen, wie ich in meinem Leben gefragt habe,

niemand konnte mir in 35 Jahren sagen, was das Wort Changler damals bedeuten konnte? Bevor ich es von Lazar erfuhr, konnte ich eine solche Frage auch nicht beantworten, aber ich gebe es zu. Ich hatte viele Freunde in Dresden, darunter Wechsler, aber 1966-1986 gelang es ihnen, mir erfolgreich zu verheimlichen, was, wo und wie sie etwas taten. Die Antwort ist denkbar einfach: „Geld wird ZWEIMAL gewechselt – zuerst kauft man Westgeld an einem Ort, und dann tauscht man dieses Westgeld ein zweites Mal an einem

anderen Ort gegen Ostgeld um, die Differenz nennt man Schere, das ist der Gewinn des

Geldwechslers ." Außerdem sollte bekannt sein, dass das Westgeld in Zukunft immer an Wert gewinnt, d.h. der Kurs geht von eins zu vier dann bis zu eins zu acht, kurzzeitig auf eins zu zehn und zurück auf eins zu

fünf, wo der eine Weile bleibt, bis am 1.7.1990 eins zu zwei wird und dann stirbt. Es ist also gut, in den 60er, 70er und 80er Jahren nicht nur Ostgeld, sondern auch Westgeld als Ersparnisse zu haben. Bei ausreichender Reserve kann der zweite der beiden oben genannten Schritte, d.h. Verkauf von Westgeld auch später erfolgen. Ich hatte diese so einfache, aber wichtige Sache noch nie als Inhalt gehört, von niemandem während des Sozialismus in den 25 Jahren, seit sie aktuell wurde. Ich habe es nur unterbewusst gespürt. Und meine Frau hatte 1976, ihren Abschluss in Wirtschafts-wissenschaften gemacht, hatte aber keine Ahnung, worum es ging. Im September 1986 war ich in Sofia und als ich nach Dresden zurückkehrte, habe ich mir ihr Gehalt für Oktober geliehen (das ist Leverage im reinsten Sinn), weil meines noch nicht da war. Ich sagte ihr, ich würde es ihr mit einem Gewinn für sie zurückgeben. Ich nahm ihr fast zwangsweise 1000 Ost-

mark ab und sagte ihr, ich würde ihr 1100 Mark zurückgeben. Ich kam mit 250 Westmark vom Austausch zurück und sie war in Tränen aufgelöst, was sollte sie einen ganzen Monat lang mit diesen 250 Mark machen? Ich hatte es auch nicht leicht, bis ich neulich das Ostgeld genommen habe, es waren 1100. Da habe ich 10 % Gewinn gemacht und ich habe ihr 1200 Mark zurück gegeben, 100 mehr als versprochen, eine Belohnung. Diese habe ich nicht vom Gewinn, sondern von meinem eigenen Gehalt genommen, ich war mit 100 M ins Minus geraten, um meiner Ehefrau den Geldtausch

schmackhaft auch für die Zukunft zu präsentieren. Mein Gehalt betrug 50 Mark am Tag, das Gehalt meiner Frau war geringer, aber ich musste sie nicht mehr unter Druck setzen. Bis Weihnachten hatte ich so in drei Monaten 8.000 Ostmark gesammelt – die größte Summe, die ich je besessen habe! 2017 beschloss ich, meiner Schwester und ihrem Mann zu erzählen, was ich damals tat, wir hatten uns zu einem Gespräch bei seinem Bruder zu Tee und Bier versammelt, ich hatte es ihnen immer berichtet, aber sie vergaßen es. Mein Schwager hat mich für diese 10% ausgelacht, mich beleidigt und zum Niemand gemacht - die Leute hätten 20% und mehr genommen, wie lächerlich meine Zehn sind und ich habe ihm gesagt, dass das der Kurs ist und es unmöglich ist billiger einzukaufen und teurer zu verkaufen, aber ich bin zufrieden mit dem, was ich tue. Mir geht es nicht um die Prozentsätze, aber der Wechselkurs ist Gott und er bestimmt sie. Wie oft ich diese 10 Prozent am Tag genommen habe und wie viel und wovon, steht auf einem anderen Blatt, aber mein Schwager konnte oder wollte nicht diese beiden Dinge voneinander unterscheiden! Er fragte nicht:

„Die Prozentsätze sind nicht viel, aber wie oft nimmst du 10% am Tag?“. Dies würde ein vollständigeres Bild ergeben. Aber die Leute wollten nichts verstehen, geschweige denn aufklären oder aufgeklärt werden! Du sitzt hunderte Male mit Leuten am Tisch, redest, argumentierst, wartest auf eine gute Bewertung deiner guten Taten, und sie lachen dich aus und ignorieren dich, lassen dich verrückt aussehen!

Außerdem sind 10% einer Million 100.000, was absolut gesehen viel ist, auch wenn es sich um einen "kleinen" relativen Wert von 10% handelt. So erklärt sich der

Unterschied zwischen den Begriffen „absolut“ und „relativ“ auf einer anderen Weise - ohne die Rede vom indischen Bauern, der später auch zu Wort kommen sollte.

Ich entfaltete meine Fantasie, ein anderer Schwiegersohn, Ehemann meiner kleinen Tochter, hatte mir gesagt, dass Gedanken frei sind.

Hier ging es mir um ein anderes Buch von mir namens „An Amazing Story“ und diente mir als Entschuldigung dafür, nur meine freien Gedanken in das Buch zu schreiben und nicht mehr. Meine Tochter und ihr Mann konnten kein Bulgarisch und waren mit dieser Erklärung von mir zufrieden, auch angeregt durch den Verständnis meines

Schwiegersohns über freie Gedanken, als sie erfahren wollten, was in dem Buch geschrieben stand. Meine Gedanken wurden dort befreit und noch ein bisschen mehr, aber als es kein Ergebnis der Befreiung gab - alles behielt seine Ordnung.

Jetzt waren meine Gedanken ganz frei, und ich stellte es mir vor, was aus meinem Haus geworden wäre, wenn es ein gewöhnliches und normales Haus mit einem Wert von einer Million Westmark zur Zeit des Erwerbens im Westteil

Deutschlands gestanden hätte. Meine Vorstellung sprang 33 Jahren nach vorn. In dieser Zeit erhöhte sich der Wert meines Hauses im Osten vom einem Kaufpreis von 7000 DM auf 1,6 Millionen Euro, mit dem Faktor von 444 mal. Wenn sich in dieser Zeit der Wert eines Hauses im Westen um denselben Faktor (Prozentsatz) erhöht hätte, würde es jetzt 222 Millionen Euro Wert sein – eine Fantasie! Wenn die Expansion nicht zufällig im Land der unbegrenzten Möglichkeiten stattfand – in Kalifornien unter Watzlawick oder vielleicht in Monte Carlo? Im „normalem“ Westen gibt es so was nicht. Obwohl die Westler einzig und allein von

Expansion als Staatspolitik sprechen!

Wachstum und Wachstum und Wachstum im Westen! Und was gilt für die "Ostbürger"? Es gilt der Slogan „nichts genaues weiß man nicht“. Mein Haus ist nach der Wende an Wert gestiegen. Auf die gleiche Weise haben die Oligarchen in Bulgarien ihren knappen Besitz aufgeräumt und gehortet! Aus klein wurde groß und übersteigt bereits Milliarden. Bravo an die Oligarchen! Sie machen aus nichts etwas. Niemand weiß aber wie das geschieht? Und Herr Magnitsky aus Amerika kann nicht verstehen, wie das passiert! Vielleicht sollte es ihm mal jemand erklären! Schaut wie ich etwas erkläre, aber andere weigern sich wichtigere Dinge zu erklären? Nur über mein Wachstum ist mehr als ausreichend bekannt, aber das ist eine Ausnahme. Und wie ist es mit den anderen Herren? Einer davon mit einem Namen wie Diamantoff, der andere als Meistersängeroff, der dritte will jemanden holen, sein Name ist Aufholer, ich meine, er will jemanden aufholen. Sie werden schneller und holen auf und die Schwachen werden langsamer und halten an. Welche

Prozentsätze haben sie? Wo von? Aus dem Nichts. Dann ist die Summe der vielen Prozente immer noch nichts. Null. Zero. Einige dieser Menschen haben auch Schulden. Es ist eine schlechte Sache, wenn dem Plus der senkrechte Strich fehlt.

Und was kann getan werden? Antwort: Daran denken!

Geist denkt. Geist regiert, Geist füttert Enten!

Ich muss hier mit Freude und Genugtuung feststellen, dass mein Schwager, der Ehemann meiner Schwester der fleißigste Mensch in Bulgarien ist, er nimmt auch viele Prozente, meist 400%. Vierhundert Prozent! Er kauft Glas in großen Mengen und aus einem Stück Glas, das 50 BGN kostet, biegt es und

fertigt einen Glas-Esstisch, den er ruhig für 200 BGN verkauft.

Der Tisch ist ein Kunstwerk und wunderschön. Aber auch hier sprechen wir von Mehrwert, auf bulgarisch hieß es früher Zusatz- oder angerechneter Wert, um auch diese philosophische Kategorie in meinem Buch zu erwähnen. Solche Werte werden in der Kunst, Musik und anderswo zu Milliardenprozenten geschaffen, aber die lassen sich wirklich nicht abrechnen und hier gilt nur der Endpreis. In der Kunst ist Wert ideal, nicht materiell.

Aber ich bin mit den Urteilen und Einschätzungen meines Schwagers nicht immer einverstanden. Warum ich? Weil ich auch das Recht habe, etwas zu sagen oder zumindest hier zu schreiben. Er trifft seine eigenen Urteile, um sich bei Laune zu halten, und ich sollte seinen Aktivitäten und Schlussfolgerungen zustimmen, muss es aber nicht immer.

Die Händler (LKW-Fahrer), bei denen ich normalerweise Ost- gegen Westgeld tauschte, erzielten 300 % Gewinn pro Aktion. Das sollte man Karl Marx erklären (wenn er noch leben würde.) Er hat die Wahrheit berichtet, dass der Profit im

Kapitalismus bei ungefähr 3% beginnt, bei 20% wird es interessant und bei 200% werden Kriege zwischen Ländern geführt. Er hätte sich nicht vorstellen können, dass es im Sozialismus möglich sein würde, 300% Profit zu machen, nicht durch Kriege, sondern ganz leise. Für eine Westmark erhielt der TIR-Kraftfahrer 5 Ostmark, womit er Diesel zu 1,45 Ostmark kaufte. Also 3,45 Liter pro Westmark, während er im Westen nur einen Liter pro Mark erhielt, so dass sein Gewinn sogar 345 % betrug, und nicht nur 10% wie meiner.

Ich kann und brauche hier nicht alle Hunderte von Fällen in meiner Praxis als Geldwechsler zu erläutern.

Außerdem musste ich auch Ersatzteile für Autos in Bulgarien suchen, finden und für die LKW-Kraftfahrer erwerben,

insbesondere für die Marke Lada, was keine einfache Sache war. Mein größter Gewinn pro Tag betrug hier 745 Ostmark, ein Jahr später erzielte ich bereits als Taxifahrer einen Gewinn von 1350 Ostmark an einem Tag, (bei Tätigkeiten, die mit dem Umtausch von Westgeld verbunden waren), bei einem Monatsgehalt von 1330 Mark Ost, im Betrieb, wo Ich war Elektroingenieur in den Bereichen Elektronik, Computer, Hardware und Computerbetriebssysteme. Natürlich war jeder Tag ein anderer und verlief anders! Mit dem, aus dem Geldwechsel stammende Summe habe ich mir im Mai 1987 einen gebrauchten Lada für 22.000 Mark gekauft, mit vier Türen, während der Opel zwei Türen hatte und nicht taxitauglich war. Ich legte meine Taxifahrerprüfung ab und begann am 1.6.1987 mit der

Taxibetriebszulassung Nr. R123 zu arbeiten. Meine Frau ist bei der Theorieprüfung zum Berufstaxifahrer, die wir gemeinsam abgelegt haben, durchgefallen. Zu Hause sagte ich ihr, dass wir 10.000 Ost-

mark verloren hätten, weil sie ihr keinen Taxischein gegeben haben, und sie weinte wieder, vielleicht ein drittes Mal, oder ein weiteres Mal. Ich war ein schlechter Mensch, aber wie kann ich die Wahrheit nicht erwähnen und sie verschweigen, wenn die Wahrheit zumindest im Vorbeigehen und fast still zur Kenntnis genommen werden sollte? Die Sache war, dass diese Art von Taxifahren auf vier Stunden am Tag begrenzt war. Die Bedingung war, dass der Taxifahrer eine andere, grundlegende Arbeit in einem staatlichen Unternehmen hatte und der Direktor dieses Unternehmens zustimmte, seinem unterstelltem Arbeiter dies zu gestatten, nicht mehr als vier Stunden pro Tag entgeltliche Mehrarbeit zu leisten, wenn dadurch seine grundsätzliche Arbeit nicht beeinträchtigt wird.

Meine Sachen sind immer anders - wenn irgendein Leser

dachte, ich wäre sauer, dass meine Frau die 10.000 Mark, durch das Taxifahren nicht verdienen konnte, der irrte sich gewaltig! Meine Frau und ich hatten vereinbart, dass sie nie Taxi fahren würde, aber dass sie mir jeden Tag ihre Betriebszulassung geben würde, damit ich mit ihr fahren könnte, da meine nur vier Stunden gültig war. Sie legte ihre Prüfung einen Monat später ab, ehrgeizig und stolz darauf. Sie brauchte, ebenso wie ich, nur bei Arbeitsbeginn, da wir nur ein Auto besaßen – bei der Taxizentrale anzurufen, dass sie fährt. Also die Hälfte der Zeit mit ihrer Betriebszulassung, mit dem Kennzeichen R129. Ich fuhr nicht nur mit einem Kontingent von 4 Stunden am Tag Taxi, sondern weitere unerlaubte 4 Stunden ohne die Zentrale anzurufen. Dasselbe passierte täglich mit dem Kontingent meiner Frau – Ich fuhr für sie ihre erlaubten vier Stunden und noch einmal vier unerlaubte Stunden. Ich fuhr viermal so viel als erlaubt.

Anstelle der fiktiv gedroppten 10.000 Ostmark, was für meine Ehefrau galt, mittlerweile erschienen 20.000 als Plus. Für die Buchhalter stellt das nicht verdiente Geld "nicht eingetretene Gewinne" dar und wird als "Null" gemeldet, ich muss es als Verlust vermerken, bei der Möglichkeit, dass man es realisieren könnte, oder „Ein Pass ernährt kein Haus“!

Mit meiner Lizenz nahm ich die gleiche Menge ein, also wuchs die Summe auf ZWISCHENDURCH 40.000 Ost. Im Laufe der Zeit stieg die Geldmenge auf 100.000 Ost.

Das ging zwei Jahre so, bis schließlich die Kontingente fielen (vielleicht weil niemand sie überwachte), meine Frau ihr Kontingent in der Zentrale aufgab und ich Taxi fuhr, bis ich vor Erschöpfung ohnmächtig wurde! Niemand kontrollierte uns mehr!

1970 hat meine Frau ihr erstes Kind erwartet. Ich rückte ihr nicht von der Seite. Während der unzähligen Besuche, die wir machten zu Tanten, Großeltern und Verwandten, Freunden, Arbeiskollegen, wurde es mir oft LANGWEILIG. In der Elternwohnung stellte ich mir beim Kaffeetrinken vor, in einem Raum dort steht eine Produktionsmaschine und ich kann eine kleine Herstellung irgendeiner Ware starten, sobald ich nicht mehr wusste, was sonst noch zu tun ist. Es gibt noch viel Freizeit, da Kaffee trinken nicht ewig dauert. Die Vorstellung wurde kreiert durch einen Fernsehfilm über Japan – Land und Leute, obwohl es im Film keine solche Maschine gegeben hat, - es entstand unterbewusst - nur eine Fantasie darüber.

Ausserdem las ich 1969 regelmässig den Spiegel – es entging mir nicht der Bericht über den großen Prozentsatz russischer Taxifahrer in New York. Damals war ich noch nicht soweit, echt Taxifahrer werden zu wollen, anstelle eine Produktions-maschine zu installieren. Jetzt und heute kam ich zu meiner alten Fixidee zurück und merkte – Produktionsmaschine und Taxi haben ähnliche Aufgaben und Funktionen auf meinem persönlichen Weg, Mensch zu werden.

Ich wurde mir bewusst, ich durchlief eine Entwicklung, was das Geldverdienen betraf. Vor dem

1.06.1987 gab es kein beständiger Betätigungsfeld, wo ich zusätzlich zum Monats-gehalt Geld verdienen konnte. Noch früher, in den 60-er, gab es diesbezüglich gar nichts – ich konnte nur meine Lehrstücke lernen, um Prüfungen an der Uni zu bestehen – darüber hinaus war ich zum Gammeln verdammt. Ich konnte auf andere Menschen nur neidisch werden, es war manchmal sogar schmerzhaft, ich habe es zu nichts weiter gebracht. Die Entwicklung ist aber nicht endlos, bin ich heute an der Spitze, (1988-89), es ist am Limit und es kann nur noch nach unten gehen! Niemals habe ich damit geliebäugelt etwas von der Lotterie zu bekommen, was noch eine Steigerung gewesen wäre. Statt dessen, gebe ich einen Rückblick. 5 Jahre Student und 20 Jahre mit geregeltem Einkommen:

1.9.1965 - 31.12.66 in Funkwerk und Heizkraftwerk Dresden,

1.3.1968 - 1.6.87 in RAFENA Radebg, und DVZ DD, 20,0 Jahre.

Gelegentliches zusätzl. Verdienst 1.6.1962-1.6.87, 25 Jahre:

1000 Seiten Übersetzungen Deutsch, Bulgarisch, Russisch.

100 mal Dolmetscher bei Delegationen und einzelnen Personen.

100 Wochen Lehrer für Bulgarisch für Touristen,

100 Tageseinsätze Rangierbahnhof Dresden Friedrichstadt, Konsum-Großbäckerei Berlin,

Ziegelwerk Dresden Torna, Sachsenwerk Niedersedlitz (Starkstrom) u.a. in DD, Riesa.

100 mal Eintrittskarten für die Semperoper verkauft.

20 mal Musik zum Tanz mit Kontrabass gespielt.

10 mal Umbau im DVZ Dresden, 10 mal An- u.Verkauf, u.a.

Das fand 25 Jahre lang statt, seit ich in Dresden gelandet bin.

Immer trachtete ich nach dem Zusatzverdienst, der völlig stochastisch und unregelmäßig stattfand. Zufällig gab es dies und jenes zu tun um Geld zu verdienen. Es hing ausschließlich davon ab, ob und wann mich jemand braucht und bestellt, mal für einen Tag, Woche, mal einmal die Woche im Jahr, mal einige Male u.ä. Das alles habe ich grade erfasst und aufgestellt, NUR um als Gegenpol zu der Taxiarbeit darzustellen. Taxi konnte ich immer fahren, wenn ich wollte, sobald ich freie Zeit hatte, es war immer und ständig Arbeit da, rund um die Uhr, nachhaltig und fortwährend, bis ich wegen der Ermüdung nicht mehr fahren konnte. Das war ein Riesenunterschied zu den anderen Tätigkeiten!

Das Bauen, Restaurieren und Vorrichten zu Hause (1991-2011) war genauso gelagert wie Taxiarbeit – alles in eigener Regie und meistens nach Lust und Laune! Dauer – vom Aufstehen bis zum Umfallen.

## Kapitel 3 - Wie, warum und wo ich ein Haus gekauft habe

Es war weniger als 9 Monate her, dass ich Taxi gefahren bin

Als ich Anfang März 1988 beschlossen hatte, ein Haus zu kaufen. Ich fand in der Zeitung „Wochenpost“ eine Anzeige für einen Hausverkauf. Über diesen Deal sollte ich eine separate Geschichte oder ein ganzes Buch schreiben.

Ich möchte hier ein kleines Detail davon mitteilen. Ich habe niemanden, dem ich es melden kann. Auch nicht meiner Schwester, meinem Schwager und meinen Freunden. Sie verstehen es nicht und fangen an mich zu hassen, wenn ich es ihnen erzähle.

Das Haus wurde am 01.09.1988 auf einen Verkaufspreis geschätzt, den ich nicht unbedingt nennen muss, um die relative Wertsteigerung in % in Bezug zu heute, darzustellen. Das dachte ich, als ich diese Zeilen vor drei Monaten schrieb. Jetzt kann ich auch die absolute Zahl des Betrages sagen, ich habe nichts mehr zu befürchten, habe ich nicht gesagt, dass es niemanden und keine Möglichkeit gibt, mein Haus und Grundstück zu stehlen, wenn der Dieb meine Daten gestohlen hat, inkl. das, was ich gerade berichte. Das Haus wurde offiziell von einem Ingenieurbüro auf 47.000 Ostmark geschätzt, aber ich habe auch Trinkgeld gegeben und 54.000 Ostmark für alles bezahlt. Sie waren zum damaligen

Wechselkurs (mit dem ich hantiert habe) identisch mit 7.000 Westmark, heute liegt dieser Kaufbetrag bei rund 3.500 Euro.

Diesen Betrag habe ich bezahlt, also habe ich einen bestimmten Geldbetrag in ein Haus investiert.

Heute, also nach genau 33 Jahren, kostet das Haus mit dem Grundstück das 444-fache. Heute kostet das Haus mit Grundstück mehr als eine Million sechshundert tausend Euro. Vierhundert vierundvierzig Mal - bedeutet, dass der Einkaufs-

preis um 44.400 Prozent höher ist. In diesen 33 Jahren wurde

ein gewisser Betrag in die Instandhaltung des Hauses investiert, damit es seinen Wert behält, denn sonst stürzt das Dach ein und es kommt zum Beispiel zu verstopften Wasser- und Abwasserleitungen usw. Als es darum ging, das Dach zu reparieren, musste ich anschaulich erklären, dass, wenn ich es nicht reparierte, meine Schwiegermutter, die 1998 in das Haus einzog, auch von ihrem Stuhl aufstehen müsste, auf dem sie normalerweise sitzt, mindestens zwei Meter weiter entfernt, weil Regen auf ihren Kopf fallen wird. Die zusätzlichen Mittel sind für die Instandhaltung und erschweren die Berechnung, während für das Grundstück keine zusätzlichen Mittel bereitgestellt wurden, es wird nicht wie das Haus "instand gehalten", aber trotzdem um die gleichen vierundvierzigtausend vierhundert Prozent sich im Preis erhöht hat. 44.400%, und nicht nur wie die Inflation mit den jährlichen 1,2,3,4 %.

DAS IST EIN WELTREKORD. Kaum etwas anderes, kein anderes Haus oder Grundstück, ist um so viele Prozente teurer geworden wie mein Haus, gleichzeitig wurde es verkauft, dh. gekauft, dh. es wurde eine Investition getätigt. Fragen wir einen Vermittler, einen Makler, der mit Häusern und Grundstücken handelt, ich bin sehr interessiert, was würde er sagen? Ihr irrt, wenn ihr denkt, ich stehe auf so etwas wie Prahlerei. Ich bleibe ein Rock'n'Roller, ein Beatnik, ein Hippie und ein Hipper. Aber es ist einer Person nicht verboten, einige Zahlen in ihrem Kopf zu speichern und sie zu kennen. Einen schönen Tag noch!

Jemand könnte sagen, es ist kein Weltrekord und dies ist nicht so wie ich es darstelle. Wie ist es dann? – Keiner wird es sagen können! Am wenigsten kann jemand etwas dazu sagen,

der meine Darstellung in Zweifel zieht. Am meisten und höchstens könnte jemand sagen, dass ein solcher Vergleich jetzt nicht gemacht wird, es ist nicht machbar.

Da kommt man nicht umhin zu vergleichen! Sie können immer etwas miteinander vergleichen, es ist unbedingt notwendig und wenn der Vergleich ungenau ist - es ist besser, es zu haben, als gar nicht. Was ist Geld? Das hat drei Eigenschaften. Geld ist ein Mittel zur Beschaffung des Lebensnotwendigen wie Nahrung und anderem sowie der Versorgung mit nicht so notwendigen Dingen und allerlei anderem. Das Geld hat auch eine Spar- und Akkumulationsfunktion. Die dritte wichtige Sache ist, dass sie als Benchmark dienen, als Vergleichsmaßstab. Das bedeutet, dass dieser Vergleich für einige Menschen nicht stimmt und zumindest oder höchstens frei erfunden ist. Besser Fake als nichts. Für mich ist es real und wahrhaftig!

An der Stelle habe ich darüber nachgedacht und mir gesagt: „Warum sollte ich den anderen meine Meinung aufdrängen? Kann ich dem nicht ruhig zustimmen, dass ein Vergleich nicht notwendig ist (?) - es ist an der Börse notwendig, ständig den Anstieg oder Rückgang des Wechselkurses zu berücksichtigen (!). Für mein Haus ist es gut zu wissen, was es heute wert ist, aber es muss nicht bekannt gegeben werden! Über die Vergangenheit wird nur gesprochen, wenn man die Dinge historisch betrachtet.

Ich könnte noch viel mehr schreiben über meine Arbeit im Haus und über die Beziehungen zu den anderen Menschen, die daran notwendigerweise und zwingend beteiligt waren. Ich bereue den Kauf in keinem Fall. Darin tauchte ein Feld für kreative, notwendige und drängende, Arbeit auf. Diese konnte nur durch schöpferische Geisteskraft erledigt werden! Nach den Ereignissen Ende 1989 und 1990, nach denen ich als Angestellter eines Unternehmens entlassen wurde und arbeitslos war, konnte ich nirgendwo anders eine Arbeit finden. Ich konnte auch nicht ein eigenes, unabhängiges Unternehmen gründen oder mich irgendwo als Partner beteiligen. Im Haus gab es Ausfälle wie am Fließband, es gab nacheinander wahrscheinlich tausende von "schlechten" Dingen, falsch, unrichtig und idiotisch, was mir den Grund gab, die Wissenschaft XYZ zu erschaffen und aufzuschreiben. Eine Wissenschaft des herrschenden UNFUGES, der dringend beseitigt werden muss. Am Ende habe ich weitgehend alles „schlechte“ behoben, ich habe die richtigen Dinge und Handlungen getan und bin zum Schluss als Sieger hervorgegangen! Die Deutschen haben Tausende von Rede-wendungen, Sprichwörtern, Redensarten und Geistesblitze. Sie benutzen sie sogar oft. "Ende gut, alles gut!“

Für mich ist die Wahrheit in Tausenden von Fällen absolut, in einigen Fällen, was meine Tätigkeit im Haus von September 1988 bis jetzt, Februar 2022 betrifft, kann sie auch relativ richtig sein, dies wird durch die menschliche Praxis bestimmt. Grundsätzlich sind die Kriterien für die Bestimmung, was richtig und was falsch ist, vorhanden, aber einige von ihnen werden in der Zukunft festgelegt, was nicht explizit bekannt ist, was es sein wird.

## Kapitel 4 - Häuserkäufe anderer Menschen

Themen, die Voraussetzung für das Verständnis von Leverage und Terminhandel sind. Es wurden sieben Rubriken erstellt.

Erste Rubrik. Anfrage über Preise und andere Parameter.

"Wie viel ist Svetljos Haus für Svetljo wert - DOPPELT, weil es mit einem Darlehen gekauft wurde". Das war die Frage der Umfrage und (gleich!) ihre Antwort! Wenn Svetljo eine Versicherung für den Fall abschließt, dass er zwischenzeitlich arbeitslos wird, und die Versicherung die Zahlung von Kapital und Zinsen für das Darlehen zum Kauf des Hauses abdeckt, kostet dies das DREIFACHE.

In der von Lazar und mir zwischen 1992 und 2022 durchgeführten Umfrage, bei der Tausende von Menschen befragt wurden, beantwortete niemand die Frage „Wie viel ist Svetlios Haus als Betrag für Svetljo wert“ in irgendeiner Weise. Lazar's Frau wollte diese für Lazar wichtige Antwort nicht geben, obwohl sie in der Deutschen Bundesbank, unabhängig vom Finanzministerium, voll angestellt war. Das Gesetz verlangte von Lazars Frau, jedem Kunden, der einen Kredit aufnahm, unbedingt mitzuteilen, welchen BETRAG er als Summe zur Rückzahlung des Kredits samt Zinsen zurückzahlen müsste.

Das Gesetz galt für alle Banken und für alle Mitarbeiter und Kunden. Also antwortete Lazars Frau allen Kunden, aber nicht ihrem Mann. Lazar kannte die Antwort besser als seine Frau, aber er wollte, dass sie sie ihm auch gab. Dies geschah nicht und es gab Lazar den Grund und die Gelegenheit, Hunderte von anderen Leuten zu befragen, man könnte sagen, dass es für ihn zu einem Art Sport wurde. Die Antwort war: "DOPPELT". Eine Verwandte von mir, eine Hochschul-absolventin, wusste ebenfalls nichts von dieser einfachen Antwort, und als es ihr Stunden später erklärt wurde, sagte sie: "Wer ist so verrückt, doppelt zu bezahlen?" In der Tat war und ist die HALBE WELT verrückt. Die halbe Welt hat beim Aufbau doppelt bezahlt!

Ich habe der befragten Verwandten gesagt, dass sie selbst den doppelten Preis für ihre Wohnung in Sofia gegeben hat, nachdem sie sie 22 Jahre lang mit Zinsen abbezahlt hatte. Von den Menschen, die 30 Jahre lang befragt wurden, wurde im Oktober 2021 in Pomorie eine alleinstehende Frau gefunden, die mit einem Bleistift auf einem Blatt Papier eine schnelle Berechnung anstellte, aus der die Antwort für Lazar herauskam. "DOUBLE", fast auf den "Penny"!

Zweite Rubrik. Scheinkauf eines Hauses durch Lazar.

"Wie viel ist Svetlios Haus für Lazar wert – er würde das Haus bar bezahlen - EINZIG, NUR

EINMAL BEZAHLT, EINMALIG" und Lazars Frau wollte nicht, dass Lazar es kauft, und vielleicht gab sie deshalb ihrem Mann keine Antwort auf das, was sie wiederholt gefragt wurde. Trockenes Geld, fertiges Geld. Lazars Geld füllte seine Gesäßtaschen, er wusste nicht, was er damit anfangen sollte und seine Frau verbot ihm, ein Haus zu kaufen.

Mit viel Fleiß verdiente er 1991-1999 in einem kleinen Laden eine Million Westmark, super, und machte mit seiner Familie 10 Sommerurlaube in den teuersten Hotels der Welt, wo er mit dem Fallschirm übers Meer flog, Motorbootfahrten gemacht, Segelyachten gelenkt, aber er hatte und hat immer Geld übrig für darüber hinaus zwei oder drei oder vier weitere Häuser zu kaufen. Sie hatten einen Sohn, der wurde 16 Jahre alt, und eine Tochter, die 10 Jahre alt war – die Eltern sollten sich, wie die Bulgaren es tun, um die Zukunft ihrer Kinder kümmern, aber die Frau verbot ihrem Mann weiterhin, ein Haus zu kaufen. – die Beispiele der Freunde ihres Mannes – ich, Svetljo, Ancho, Dono, Ignat, Toshko und andere – trafen nicht auf sie zu! Sie verbot ihrem Sohn, im Laden seines Vaters Speiseeis zu verkaufen, obwohl dort eine teure Eismaschine stand. Sie verbot ihrem Sohn, Millionär zu werden, so wie hunderttausend Italiener durch den Verkauf von Speiseeis in Deutschland automatisch zu Millionären wurden! Ihre Entschuldigung war, dass in Deutschland Kinderarbeit verboten sei, aber ihr

Sohn bereits sechzehn geworden war und Lazar ihr sagte, er würde nur an einem kleinen Griff ziehen und das Softeis würde von selbst aus der Maschine kommen. Auch die Beschreibung von Lazar, wie Tom Sawyer als Kind die Zaunbretter am Gartenzaun bemalte und seine Tante Polly ihm das Handwerk in jungen Jahren beibrachte, half nicht weiter.

Dritte Rubrik. Verschiedene Möglichkeiten, Häuser zu kaufen.

„Wie viel kostet so ein Haus (oder Wohnung) die vermietet wird für alle Käufer? Da in Deutschland 60% der Menschen zur Miete wohnen und kein Eigentum besitzen?“ - DIE ANTWORT IST: Das Haus kostet NICHTS! (Der Preis ist weder einfach, noch doppelt, noch dreifach!). Der Bau wird von den Banken finanziert, die teure Wohnmiete bezahlt den Kredit zurück, sowie die Bankzinsen für das Darlehen und der Kreditnehmer wird Haus- oder Wohnungsbesitzer - nach 25 Jahren gehört das Haus ihm, ohne dass er etwas Geld fürs Anwesen gegeben hat.

Eine solche von mir geschriebene Antwort ist also nirgendwo auf der Welt gegeben worden, außer hier! DANK LEVERAGE. DAS SAGTE DER KLEINE JUNGE MANN IM OKTOBER 2019 UM 22 UHR IM HOMBRY'S CAFÉ IN SINEMORETZ. Er sagte:

- Man hat Leute „überredet“, es zu tun!

Der kleine Mann meinte, man hat die Leute angeworben, „verpflichtet", oder es für sie schmackhaft gemacht, einen Kredit von der Bank aufzunehmen um ein Haus zu kaufen, wodurch auch die Bank sicher und enorm davon profitiert. Bedingung war die Vermietung des Objektes. Durch den Wortzusatz „überredet" wird es zum GRÖSSTEN STATEMENT der Welt FÜR MICH. So beurteile ich es. Ich könnte es selbst nicht aussprechen, obwohl ich es viel besser kannte als der junge Mann im Hombre-Café, da ich in Deutschland lebte und mich mit diesen Themen permanent beschäftigte. Ich führte aber die Befragung durch und stellte die Fragen.

Das trifft natürlich nicht auf die Mehrheit der Menschen in Deutschland zu, sondern nur auf eine Minderheit von 20-30%. Gilt für Menschen mit Verstand! Es ist wünschenswert, dass dieser Prozentsatz wächst! Wenn dies in Presse, Fernsehen und Radio hervorgehoben wird, werden Millionen von Artikeln und Sendungen über die Probleme der Gesellschaft, über Hunger, Miete und Elend zweitrangig und die Probleme sogar lächerlich. Teure Mieten wird es in Deutschland nicht geben, denn das Angebot wird weitaus größer sein als die Nachfrage. Das durch Leverage gehebelte Vermögen wird nicht in 25 Jahren erstellt werden, sondern in 50.

Diese einfache Sache wird von der Regierung nicht praktiziert. Diese kümmert sich nicht wirklich um die Probleme der Immobilienkrise, es sei denn, ein kluger Kopf zwingt die Regierung, es einzuführen, und tut es auch. Diese Idee von mir ist nicht, d.h.nirgebdswo auf der ganzen Welt schwarz auf weiß geschrieben. Aber nicht nur, um es so zu sagen, wie ich es Roland gesagt habe, und er hat es nicht verstanden, und hat es natürlich nicht befolgt.

Mein Freund Roland hatte schon vor einem Dutzend Jahren eine Wohnung beschlagnahmt bekommen, die er 1992 in Regensburg erworben hat. Für den Käufer wurde der Kauf günstig durch reduzierte Steuern. Diese waren für Roland, einen Diplom-Ingenieur, ledig, arbeitend mit einem hohen Monatsgehalt bei Siemens in Nürnberg sehr hoch und durch den Wohnungskauf ersparenswert. Niemand hat ihm wie ich geraten, die Wohnung zu vermieten – das wäre ein echter Leverageeffekt, ein Hauskäufer wie Roland hätte es tun sollen, (oder müssen?), aber er und sein Kamerad und Freund aus Dresden, Hansjörg, wussten nicht, was das für ein Ding war! Ich wusste es, aber ich konnte mich nicht dazu durchringen, das echt zu vermitteln, was der KLEINE JUNGE MANN IM OKTOBER 2019 um 22 Uhr in HOMBRY'S CAFE IN SINEMORETZ so deutlich und prägnant sagte.

- Man hat die Leute „überredet“, es zu tun.

Das heißt: kaufen auf Kredit und vermieten!

Ich hätte es auch sagen können, aber ich habe die Umfrage gemacht, die Fragen gestellt und die anderen haben geantwortet, und einer von ihnen ist mir mit der Antwort, die er gegeben hat, zuvorgekommen! Nirgendwo sonst auf der ganzen Welt wurde eine solche Umfrage und die Antwort gegeben, niedergeschrieben und angekündigt! Für Roland war der Arbeitsplatz in Nürnberg täglich mit ca. 200 km Hin- und Rückweg verbunden, es war weit für ihn, er gab seinen Job auf, wurde arbeitslos, angeblich für kurze Zeit, aber es dauerte bis zum Ende seines Berufslebens, d.h. bis zu seiner Pensionierung.

Er konnte seine monatlichen Raten nicht bezahlen und die Bank zwangsvollstreckte seine Wohnung. Außerdem holte sich die Bank noch die Zusatzpolice für eine dritte Kapitalrente, die bis dahin als dritte Rente neben der normalen Staats- und Siemens-Werksrente durchaus weit angehäuft wurde. Immer wieder reichte das Geld für die Raten nicht aus und Roland blieb auf einer Bankschuld sitzen. Er war eine Zeit lang arbeitslos, fand dann keine Arbeit und ging auf Sozialhilfe. Warum? Weil er mit seinem eigenen sehr schönen Job und dem großen Gehalt von Siemens keine Freundin bekommen hat, mit der er in Nürnberg leben hätte können. Um seine Wohnung in Regensburg zu vermieten. Wenn er keine Freundin findet, sollte er am Bahnhof oder Flughafen auf einem Stuhl schlafen, aber seine nagelneue Wohnung und Zweit- und Drittrente nicht in einer Stunde der Entscheidung die Arbeitsstelle zu wechseln, verschwinden lassen. Wofür zahlte er so viele monatliche Raten? 10 Jahre. Sie verschwanden unentgeltlich in Form von Zinsen für die Bank! Sie brachen zusammen mit den beiden Renten für die Zukunft zusammen. Niemand sagte ihm, dass er, nachdem er eine Wohnung gekauft hatte, nicht verpflichtet war, darin zu leben! Diplomierter Fachingenieur! Die Regierung schreit und posaunt jeden Tag, Deutschland fehlen 500.000 gut ausgebildete Arbeitskräfte, sie lügen! Wie will die Regierung das erreichen? Aus Lehm die gut ausgebildeten Spezialisten und aus den Rippen der Männer - Spezialistinnen zu schaffen, oder sie zu fabrizieren, statt Produkte und Dienstleistungen zu fabrizieren, zu der sie sich verpflichten werden? Oder importiert die Regierung sie aus Afrika und Asien und macht sie zu Diplom-Ing. wie Roland? Warum fand er nichts? Keine neue Stelle in Regensburg – Arbeitskräftemangel?

Nun, die Regierung möchte vielleicht 500.000 Nobel-preisträger haben, um die Dinge am Laufen zu halten!

Rolands Vater war in Dresden Parteisekretär des Städtischen Parteikomitees (er verhalf faschistisch verfolgten Deutschen und Juden zur Flucht aus Berlin, Leipzig, Dresden usw. nach Prag, in die Schweiz und nach Portugal, sie übernachteten in seinem kleinen Wochenendhäuschen in der Nähe der Grenze zur Tschechischen Republik, 30 km von Dresden entfernt, bis eine günstige Zeitlücke für die Flucht gefunden wird). Also war Rolands Vater die zweite kommunistische Person im Bezirk Dresden, der heutigen Landeshauptstadt Sachsens, nach dem Genossen Modrow, der nach der Wendezeit ab 10.10.1989 bis zu den freien Wahlen, Ende März 1990 Ministerpräsident der gesamten DDR geworden war.

Unser Dreier in Dresden, Roland, Hansjörg und ich, zerstreute sich, als Roland im April 1984 offiziell in den Westen nach Regensburg zog, dort Diplom-Ingenieur wurde, und Hansjörg mit Frau und Kleinkind am 1.9.1989, zwei Monate und zwei Wochen vor dem Fall der Berliner Mauer durch Ungarn und Österreich floh. Er bekam einen sehr schönen Job und wurde schließlich Chef bei SAP in Waldorf und ein großartiger Programmierer und IT-Spezialist, aber er konnte seinem Freund Roland nichts über die Hebelwirkung von Leverage beibringen, als Roland eine Wohnung auf Kredit gekauft hat!?

Apropos Afrika und Asien. Als ich ab Juni 1987 Taxi fuhr, hatte ich auch vietnamesische Gäste, die manchmal in Taxis umherirrten wegen sperriger Ware, die sie erst irgendwo kauften und dann in der neu gegründeten sogenannten Second-Hand-Ladenkette An-und Verkauf verkauften.

Sie zahlten gut und gaben mehr Trinkgeld als die Deutschen, und sie wollten nicht, dass ich den Taxameter für das Geld bzw. die Steuer mitlaufen lasse. Jch zahlte durch die große Anzahl der Fahrten mehr Steuer in der Summe als die Berufs-taxifahrer!

Weil mich die Vietnamesen irgendwie mochten - sie haben mich irgendwo bestellt und mir schon abends Notizen zu Hause hinterlassen, weil es noch keine Handys gab, oder sie haben mich im meinem regulären Unternehmen angerufen, wenn ich während der normalen Arbeitzeit dort war. Ich habe in 4 Schichten gearbeitet: 6-14, 14-22, 22-6 und Samstag 6-18 oder 18-6 und Sonntag 6-18 oder 18-6. Nachts und nachmittags könnte ich manchmal im Job schlafen, wenn wir manchmal zwei Ingenieure in einer Schicht waren. Den Rest der Zeit fuhr ich wie verrückt Taxi, kam nach Hause, wann immer ich zufällig mit dem Taxi in der Nähe war, und während ich zu Mittag aß oder Kaffee trank, wusch meine Frau mit meinen zwei Töchtern mein Auto und saugte vor der Haustür des Blocks. Als ich nach meiner schnellen Mahlzeit im Auto saß, mussten sie noch die Autoscheiben abtrocknen, bevor ich losfuhr.

Mit den Vietnamesen reiste ich auch in die Nachbarstädte, oft 100 km nach Görlitz und Zittau und 200 km nach Berlin. Einmal gaben sie mir eine Route 400 km nach Eisleben und Sangerhausen, um ihre Landsleute zu besuchen. Dort kaufte ich auch eine Nähmaschine, Veritas, die Freunde aus Dimitrovgrad bei mir bestellt hatten. Ich habe ihnen nicht mehr berechnet als das, was ich im Laden bezahlt hatte. Das Gute war, dass ich bereits viel Cashflow hatte und dies und das kaufen und handeln konnte, manchmal ohne Gewinn.

Die Vietnamesen waren meine oft wiederkehrenden Gäste, ein junger Vietnamese von etwa 25 Jahren namens Duy und seine Frau Kim. Dann wurde ihnen ein Kind namens Bazui geboren. Diesmal hatten sie keine sperrigen Waren dabei, nur die junge Frau trug in einer Plastiktüte am kleinen Finger etwas, was sich als Computer herausstellte, 1987. Ich weiß nicht genau, wann die Pravetz- und Robotron-Computer herauskamen, das hier war eine Marke von Schneider, deutsch und besser als Atari und Canyon. Ich als Spezialist für Computer - Hardware - habe zum ersten Mal ein solches Wunderwerk gesehen und für die Vietnamesen war es so etwas Gewöhnliches wie ein Spielzeug. Es stellte sich heraus, dass sie von Ostdeutschen mit Waren beladen waren, die sie bei Verwandtenbesuchen aus dem Westen heimlich in einem Auto transportiert bekamen. Sie versteckten die Information darüber, aber ich fand es Monate später heraus. Ich weiß nicht, was sich ein Leser dieser Zeilen vorstellen kann – wie ich mich fühlte, ein 47-jähriger wie gebürtiger Dresdner, Informatiker, als ich das alles sah ohne verstehen zu können, was vor sich ging! Es waren etwa ein Dutzend Vietnamesen, zwei oder drei Polen. Im An-u. Verkaufsladen wurden die Personalien der Händler, die die Ware anlieferten und anboten vom Personalausweis entnommen und notiert. Es wurde gemeldet zum Rathaus des Wohnsitzes der jeweiligen Person, es wurden dort Listen der fliegenden Händler erstellt und es wurde aufgepasst, ob nicht einer zu oft Waren anbietet und handelt. Jeder hatte das Recht, nur einmal oder sehr selten und mit einer einzigen Art von Waren zu handeln, aber die Deutschen hatten Angst, auf die Liste zu kommen und nahmen die Vietnamesen, um von ihnen ersetzt zu werden, dh. sich dahinter zu verstecken. Es stellte sich heraus, dass es damals in Ostdeutschland offiziell Tausende von Privatunternehmen gab, die Personal Computer brauchten, und sie konnten nirgendwo einen kaufen. Es stellte sich auch heraus, dass der Staat (vorerst) den Verkauf von Computern an Unternehmen nur an einem Tag und in einem Geschäft am Ende seiner Geographie erlaubt hat. Und sie wurden von den Vietnamesen beliefert. Der Manager des Ladens kam mit einer über 65-70 cm langen Säule voller blauer Hunderter von hinten heraus, trug sie unter dem Bauch bis über den Mund, nahm die Computer und verteilte die Geldbündel an Vietnamesen und Polen. Die Preise, ich weiß nicht warum, waren furchtbar hoch, wie die Smjadowo-Heizkörper und

Satellitenfernsehempfänger - diese kosten mehr als 20.000 Ostmark, und die hyperbolischen Antennen wurden von den Leuten selbst hergestellt.

Mein Freund Ancho gab mir einen Satelliten-TV-Empfänger zum Verkauf in Zittau, aber das Geschäft nahm ihn mir nicht zum Verkauf ab. Es fehlte ein Verteiler für mehr Verbraucher und Ancho ignorierte, was ich ihm eindringlich berichtete aus erster Hand. Er brachte dieses Teil nicht durch seinen Agenten von der Hannover Messe – März 1989, also verkauften wir es nicht. Es kostete so viel wie ein halbes Haus wie meines. Auch Ancho und sein Sohn Dono hatten Angst, in der Liste im Dresdner Rathaus aufgeführt zu werden.

Nach dem Verkauf eines PCs durch meine Fahrgäste, die Vietnamesen, war ich am nächsten Arbeitstag wie betrunken - ich konnte den Anblick eines so hohen Geldstapels, blaue Hunderterscheine, nicht loswerden. Ich erzählte meinem Kollegen Frank, einem Diplom-Ingenieur wie ich, einem 4-Schicht-Arbeiter, von den Computern im Eislebener Markt, aber er hörte mir nicht ganz zu, obwohl ich ihm mit meinen Händen zeigte, wie hoch der Geldstapel war.

Eisleben ist die Stadt von Johann Sebastian Bach, von dem ich sein gesamtes großartiges Werk auf einer riesigen Dresdner Orgel in der evangelischen Kreuzkirche für 25 zweistündige Konzertaufführungen, immer montags, von Kirchenorganist

Professor Colum - 1972-1973 meistens mit meinem Freund Ivan Slatev und mit meiner Ehefrau miterleben konnte. Manchmal gab es auch einen Kinderchor. Im Juli 1969 hörten mein Freund Zhivko Avramov, ein Elektroingenieur aus Sofia, und ich Bachs sechs Brandenburgische Konzerte vom Dresdner Orchester mit Dirigent Colum! Zwei Sessions im Saal mit Jagdtrophäen von Damwild und anderen Exoten in Moritzburg. Das zweite Konzert mit der Trompete war das Beste! Es wäre interessant, meinem Kollegen Frank etwas über Bach in Eisleben, Leipzig und Dresden zu sagen – würde er zuhören? Wenn nicht dazu, wozu dann?

Nach der Wende, etwa Dezember 1989 fuhr ich Duy und seine Frau in die Stadt Hof im Westen. An der Grenze stand ein Bayer, Weihnachten 1989, der in der endlosen Schlange die Einfahrenden beobachtete, aber nicht merkte, dass nicht nur Deutsche in meinem Auto saßen. Wenn ich sie nicht gefahren hätte, wären sie bestimmt mit einem anderen Träger in den Westen gegangen. Sie hatten auch viel Geld. Sie ließen sich dort nieder und kauften später, 2006, ein großes Haus in Nürnberg, Duy mit einem Laden und einer Radwerkstatt und seine Frau mit einem chinesischen Imbiss. Es stellte sich heraus, dass das Haus bis zum Kauf ein Arbeitsamt war, wo sich Roland höchstwahrscheinlich arbeitslos gemeldet hatte!

Zwei oder drei Jahre später war der deutsche Bundeskanzler Kohl der Ansicht, dass es viele Vietnamesen in seinem Land gäbe und drohte in einer Rede im Bundestag offiziell damit, 40.000 Vietnamesen aus Deutschland auszuweisen. Er schaffte es, nur vier Personen auszuweisen und diese machten Reklame in Vietnam und brachten weitere 40.000 Neue mit. In Dresden sind die Vietnamesen sehr reich und schicken ihre Kinder auf eine sehr teure Privatschule in meiner Nähe, das schönste Wohnviertel Dresdens neben dem Waldpark und der Elbe. Sie fahren Mercedes und ihre Frauen sind überkandidelt. Sie haben Häuser und alles, was teuer ist. Svetljo übernahm Lazars Laden, in dem Lazar eine Million Westmark erwirtschaftet hatte. Ein Vietnamese übernahm ihn von Svetljo. Es stellte sich heraus, Swetljo hat es weitergeleitet, da er selbst dort nichts verdient hat. Es ist ganz klar, die Vietnamesen, da bin ich mir sicher, werden noch viele Millionen gewinnen. Euro!

Ich schwöre Ihnen, ein 47-jähriger großartiger und kluger Mann, Dipl,-Ing., Taxifahrer, 25 Jahre lang mit 100 bulgarischen Freunden verkehrend, habe ich von den Vietnamesen ihre Art des Handels in der Zeit vor der Wende gelernt. Nach einer Weile kaufte ich den Smyadovo-Heizkörper für 95 BGN FÜNF STÜCK im Zentral- und Universalkaufhaus in Sofia. Meine Schwester und mein Schwager konnten diese Arbeit nicht ein einziges Mal für mich erledigen, obwohl ich sie ausdrücklich darum bat. Sie hielten es nicht für wichtig. Ich habe mein Haus auf dieser Art und Weise gekauft! In Sosopol, Juli 1988, legte ich 3 Heizkörper unter ihre Betten in dem Künstlerferienheim, ein Haus weiter der ehemaligen Schule (in der ich 1948 im ersten Pionier-Sommerlager der Jungpioniere aus Yambol war) jetzt eine städtische Bildergalerie von Sozopol. Ich habe meiner ältesten Tochter Catherine und ihrer Freundin Viola in einem Liegewagen auf der Strecke Burgas - Rousse - Bukarest - Budapest - Prag - Dresden zwei Heizkörper unter die Kopfkissen gelegt, den dritten habe ich mit dem Auto auf der Rückfahrt nach Dresden mitgenommen. Außerdem gab ich einer weiteren, von mir gekauften Heizkörper, einem Jungen namens Veljo, einen Freund meines Neffen, der im Sommer 1989 Dresden besuchte, um meine inzwischen fast neunzehnjährige Tochter zu besuchen, mit dem Zug aus Sofia, mit. Ich habe auch einen Heizkörper mit dem Zug Sofia - Belgrad - Prag - Dresden und Badezimmerfliesen aus dem Geschäft Denica im Wohnviertel Mladost mitgebracht. Wir haben die Heizkörper, die 95 BGN gekostet haben, für 1.700 Ostmark in der Kette "Second Hand" verkauft - ich, meine Frau, die Schwiegermutter, Hansjörg und seine Frau, die von mir je einen Hundertmarkschein für die geleisteten Dienste erhielten obwohl sie mein Geld zuerst nicht wollten.

Ich komme noch einmal zu meiner Umfrage in Sinemorets. Bei dieser, bei Hombres Laden, hatte ich zwei Leute gefragt, die dort ein Bier tranken und über Geschäfte sprachen, aber laut meiner Umfrage nicht wussten was Hebelwirkung durch Leverage sei. Sie wurden von einem ihrer Bekannten angesprochen, dieser KLEINER JUNGEN MANN, der mich mit seiner Antwort umgehauen hat!

Die tolle großartige Rede des kleinen Mannes vor Hombre Laden, 22 Uhr abends, bezieht sich speziell auf Deutschland 1991-2022, er sagte, dass dies in Bulgarien nicht gilt, OHNE DAS IHN JEMAND gefragt hätte. Der Mann war umfassend und ausdrucksstark. Wenn es jetzt, 2023 in Sofia noch jemand versucht, das deutsche Modell zu kopieren und zu wiederholen – „die haben sie überredet“ - so muss es erfolglos bleiben. Denn alles zu seiner Zeit! Der Staat durch die Banken überredete die Menschen 30 Jahre lang dazu, in Wohnungen zu investieren, zwangsweise mit geliehenem, oder mit eigenem Geld, also Unternehmer zu werden. Mehr als eine Million neue Wohnungen wurden auf diese Weise in Deutschland gebaut und vermietet – eine Million Bürger wurden Eigentümer einer neuen Wohnung, die von den Mietern über 25 Jahre bezahlt wurde ohne dass die Eigentümer einen einzigen Euro für die Wohnung gaben!

Hier gilt: „Alles zu seiner Zeit und an seinem Platz!“ Es ist schlimm, und es ist eine Schande, zur falschen Zeit am falschen Ort zu sein, so kann jemandem ein Ziegelstein auf den Kopf fallen. Derzeit wird auf dem Nachbargrundstück in Dresden ein 1990 fertig gestelltes Einfamilienhaus abgerissen und an Ort und Stelle wird ein neues Haus mit 13 großen Wohnungen gebaut, dass es aussieht wie eines ihrer Nachbarhäuser. Beide Häuser versperren mir die Sicht von meiner Küche aus, aber ich nehme es in Kauf. Dass sie mich stören, ist nicht wichtig. Das Wichtige und Offensichtliche ist, dass Bauen teuer ist, also wird es mit einem Kredit gemacht. Ich kenne den Nachbarsohn, der den Bau leitet, er ist wie ein „sulljo-puljo“, ein armer Junge, aber er ist schlau und nutzt Leveragehebel, um mit einem Kredit der Bank zu bauen. Die Bürgschaft für die kreditgebende Bank ist das teure Grundstück, notariell übertragen, bis die Schulden beglichen werden. Es ist offensichtlich, dass 13 Wohnungen zu vermieten sind. Das bedeutet UMSATZ, eine Voraussetzung für Hebelwirkung.

Der Grund, warum ich dies schreibe ist, Tausende von Menschen, die in meiner Umgebung leben, wissen nicht, worum es geht. Das Schlimmste ist, dass die Menschen, mit denen ich interagiere, AUCH nicht verstehen, worum es geht, aber sie sollten es wissen. Warum nicht? Sie sind Hochschulabsolventen, gute Menschen, aber man kann mit ihnen nicht über die Wahrheit kommunizieren. IHR IST ES EGAL. Und mein Motto lautet: „Und wenn es nicht hilft, behindert es wenigstens nicht“ – und genau das gilt auch für andere. Es wäre gut für sie, mehr zu erfahren, als sie wissen.

Jemand könnte sagen: „Aber warum denkst du das immer wieder? In dieser Zeit sind tausend gute Dinge passiert.“ Ja, also mein Zeug ist nicht schön - das stimmt, das meiste entspricht der XYZ-Wissenschaft und ist nicht erbaulich, aber die Fallstudie vom 22.2.1990 ist für mich die größte Entdeckung meines Lebens, (neben meiner Diplomarbeit und den Konstruktionen einiger Transistorschaltkreise für das digitale Datenübertragungsmodem, das 20 Jahre lang funktionierte), es ist eine sehr schöne Sache und ich bin stolz darauf, es erfunden zu haben, es ist eine glückliche Sache, an die ich mich gerne erinnere, obwohl es nicht mehr ist, als dass Sie sagen würden, eins und eins ist zwei. Die dutzenden, Geldwechsler, die auch meine damaligen Freunde waren, haben es nicht verstanden und als ich sie Jahre später danach gefragt habe und gesagt habe, es wäre eine Zusatzaufgabe zu lösen, haben sie mich ausgelacht und verachtet. Lazar kaufte dann für 8.000 Ostmark eine Mikrowelle, einen Mikrowellenherd, weil seine Frau ihn kein Haus kaufen ließ (er markierte das Haus, auf dem das Grundstück getrennt vom Gebäude für 8.000 Ostmark zum Verkauf angeboten wurde). Ich aber habe ein Haus gekauft, obwohl meine Frau es mir auch verboten hat. Lasar musste die Wünsche seiner Frau berücksichtigen. Sie hatte aber keine Wünsche, außer er hält Händchen und geht mit ihr im Park spazieren! Er musste den Mikrowellenkauf dem Grundstückskauf vorziehen. Das hätte der Ehefrau direkt geholfen - besser als ein totes Grundstück. Das Dumme ist nur - heute bekommt man eine Mikrowelle auch geschenkt, aber das Grundstück kostet fast zwei Millionen Euro.

Ich möchte zwei Beispiele geben, wie die Dinge hier funktionieren! Bevor sie erfolgen - sie hängen an einem seidenen Faden! Meine Frau ärgerte sich über meine Absicht, das Haus zu kaufen, sie schreckte zurück. Im Haus wohnten Mieter, die man nicht einfach räumen kann. Ich machte schließlich meiner Frau ein echtes Angebot – ich habe es ihr zugesichert das Haus nicht mehr kaufen zu wollen! Ich schickte meine Frau zu dem bevorstehenden weiteren Treffen und Arrangement für den Kauf bzw. Verkauf des Hauses, das normalerweise auf dem Balkon des Hausbesitzers stattfand, um zu sagen, dass wir den Kauf aufgeben. Auf dem Balkon saßen auch jene Leute, die dem alten Hausbesitzer ein neues Zuhause boten. Normalerweise trank die Hausbesitzerin oft ein Glas Weißwein, also dachte ich, dass meine Frau eine Flasche davon mitbringen würde, damit man leichter aus der Situation herauskommen könnte, aber ich erinnere mich nicht, ob sie den Wein mitgenommen hat. Meine Frau schwieg – es war immer anderen überlassen, viel zu reden und sie schwieg. So geschah es bei diesem Treffen, es war ihr peinlich zu sagen, was sie sagen wollte - ich weigere mich zu kaufen! Weil es ihr zu peinlich war, etwas zu sagen, und vielleicht unter dem Einfluss des Weißweins, den der Hausbesitzer großzügig serviert hat, besitzen wir jetzt ein Haus mit Grundstück, dessen Preis sich für die Zukunft auf zwei Millionen Euro belaufen wird.

Wir würden sonst nur Dinge besitzen, die rosten, verschleißen und sich abnutzen - wie Autos, Dresdens zweiter Stereo-Farbfernseher, Dresdens zweite Mikrowelle, in die Jahre gekommene Computer und eine Menge anderer Dinge, die alle Verbraucher begehren, Modeaccessoires und was sonst noch?

Mein Leben wäre anders verlaufen!

Das zweite ähnliche Beispiel. Die Eltern einer meiner Verwandten kauften von einem Sofjilfond ein Haus, das 1949 vom Staat enteignet und später an sie verkauft wurde. 1991 klagten die Erben der ehemaligen enteigneten Eigentümer vor Gericht, um die enteigneten Wohnungen in ihrem Haus zurückzubekommen. Meine Verwandte hatte Angst, dass ihr die Wohnung vom Gericht weggenommen wird und sie einen Normalpreis für ihre Wohnung bekommt, sie wollte sie zu einem mehrfach höheren Preis an andere verkaufen – sie wollte nicht mehr darin wohnen bleiben. Darüber wohnten die Erben der ehemaligen Besitzer. Sie ging mit ihrem Mann zu meiner Schwester, wissend, dass ihr Mann viel

Geld hat und eine Wohnung im Zentrum von Sofia kaufen möchte! Sie tranken Kaffee und Weißwein und meine Verwandte vergaß etwas wichtiges zu sagen und fragte nicht danach, wozu sie gekommen war.

Es gab viele Leute, die diese Wohnung kaufen wollten. Die Verwandte verkaufte es an einen von ihnen. Als meine Schwester von dem Verkauf erfuhr, fragte sie: "Warum hast du uns das nicht gesagt, wir hätten dir mehr Geld für die Wohnung gegeben!" Die Gelegenheit wurde verpasst, dass meine Schwester und ihr Mann jetzt ein Glaskunstgeschäft im Zentrum von Sofia besitzen würden! Ihr Leben wäre anders verlaufen!

Ein guter Freund von mir in Bulgarien hat mehrere Jahre in einer Bank gearbeitet. Ich habe ihm am 11.1.1991 von dem Fall vom 22.2.1990 erzählt. Einige Zeit später fand ich heraus, dass er es vergessen hatte, dieses Phänom, womit man Geld verdiente konnte - aus etwa 5.000 Westmark wurden es 12.500 Westmark. Wie könnte ein Banker die Hebelwirkung dieses erstaunlichen Falls vergessen??? Für mich sollte das für immer in die Geschichte eingehen!

Vierte Rubrik. Vergleichen Sie die Preise nach Zeit.

Ich habe dem jungen Mann aus dem Hombre-Café gesagt, dass sich der Preis mit der Zeit verdoppelt und vervierfacht - egal, ob Sie ihn bezahlt haben oder kein Geld für das Haus durch Hebelwirkung gegeben haben.

- Der Preis für mehrere Millionen neue Haus- oder Wohnungsbesitzer ist NULL, wenn sie Leverageeffekt benutzt haben, dh. die Immobilie für 25 Jahren vermieteten.

- Der Preis ist einfach für Lazar (und andere, wenige Leute wie er, die Bargeld besitzen). Das Haus kostet 250.000 DM.

- Für Svetljo sind es doppelte 500.000 Mark (sowie für die vielen anderen Millionen Menschen, die 25 Jahre lang den Kredit tilgen.

- Der Preis ist dreifach mit einer Versicherung, die eine drohende Enteignung des zukünftigen Besitzers verhindert, ihn aber nicht 25, sondern ca. 50 Jahre lang zwingt, Beiträge zu liefern!

Nachdem Swetljo den Kredit 25 Jahre lang zurück an die Bank bezahlt, hat er es NICHT ganz geschafft, die geforderte Summe zu Ende zu bezahlen. Er hat auch nicht seine Kinder gewarnt, die inzwischen als alt genug erwachsen angesehen werden konnten – sie sind über 20 Jahre alt geworden. Sie hätten den verbleibenden kleinen Teil des Kredits ruhig übernehmen können. Die allergrößte Frage der Welt hinsichtlich ARMUT ist, warum haben sie es nicht getan? Keiner will auf solch eine Frage eingehen! Das Haus wurde von der Bank beschlagnahmt. Die zukünftigen Besitzer, d.h. Svetljos Familie, die jetzt auf einmal – „ehemalig“ geworden sind, erhalten Sozialleistungen vom Staat, d.h. vom Arbeitsministerium mit dem zweitgrößten Budget der Welt (nach dem US-Militärbudget, das täglich Milliarden ausgibt) dieses zahlt die Miete an den neuen Eigentümer des Hauses - die Bank, so dass Svetljo nichts mehr zu zahlen braucht, auch kein Kapital und Zinsen wie bisher abzahlen muss, aber auch keine Miete für das Haus, also keine Kosten! Hut am Stiel!

Für die Bank gilt das erst recht! Hut am Stiel! Sie hat 25 Jahre lang Beiträge von Swetljo bekommen, ca. 500.000 DM. Die zweite Hälfte dieser Beiträge hat sie sich unwiderruflich angeeignet. Die erste Hälfte hat sie schon vor 25 Jahren an den Bauunternehmer gegeben, fürs Bauen und fürs Grundstück. Dazu hat sie sich noch das Haus angeeignet. Sie hat in ihren Büchern ein paar tausend Euro minus an Wert – das, was dem Swetljo übrig blieb als Rest zurückgezahlt zu haben! Hoffentlich kann die Bank dieses Minus verkraften. Wenn die Bank dies nicht verkraften kann, gibt es die nächste Finanzkrise?! Die Banken haben sich in den letzten 25 Jahren von Finanzinstituten zu Immobilienbesitzern, - Verwaltern und Händlern gewandelt.

Als Sozialhilfeempfänger leben etwa sechs Millionen Menschen in Deutschland, darunter eine Million „listige“ Türken und zwei Millionen „Flüchtlinge“ aus Afrika und Asien. Ab dem 1.1.2023 werden diese isg. 10 Millionen. Nur die Bezeichnung lautet nicht mehr Harz 4, sondern Bürgergeld!

- In dieser vierten Rubrik geht es um Preisentwicklung. Von 250.000 DM entwicкelt sich der Preis des Hauses um ein DOPPELTES: Es sind doppelte 500.000 DM nach etwa 25 Jahren für das gleiche Haus fällig. WENN MAN ES HEUTE KAUFEN WILL, sind es schon 500.000 EURO geworden. DAS VIERFACHE. Das sagte ich dem kleinen großen Hombre-Besucher, ein Geistesbeitrag von mir, um noch mehr Klarheit zu schaffen, vollständigkeitshalber.

- 444-facher Preis für mein Haus nach 33 Jahren. Das ist ein Weltrekord für ein Haus, das ich von einem Eigentümer gekauft habe, nicht wie in Bulgarien die Oligarchen lächerlich billige Häuser und Fabriken vom STAAT gekauft haben!

Fünfte Rubrik - Fallstudie 22.2.1990. Aufgabe für einen Geldchangler, der nur Ostgeld hat, ein Käufer und Verkäufer von Westgeld ist. Frage an den Finanzierer aus Stadt Lom BG.

Sechste Rubrik - Die globale Finanzkrise im Jahr 2008.

Jetzt, nach den gestellten Anfragen, kann ich hier sehr gut, klar deutlich und einfach erklären (das konnte ich 2008 auch), woraus die Weltfinanzkrise 2008 bestand und wie es dazu kam. In den nächsten zwei, drei Jahren habe ich viele Shows gesehen - Talkshows zu dieser Frage, aber dort, auf höchster

Ebene, konnten die Professoren die Dinge nicht klar und erfolgreich von sich aus erklären, und die Direktoren der Banken verschwiegen die Hälfte von dem, was sie wussten.

Erstens. In Amerika gab es Millionen von Fällen, in denen „nette Kerle“ wie Svetljo und Roland ihre Kredite für Häuser und Wohnungen nicht zurückzahlten - sie hatten keinen Leverage benutzt. In Amerika wurden 17 Billionen Dollar geliehen, nicht nur um Immobilien zu kaufen, sondern im Allgemeinen für alles.

Die Banken beschlagnahmten den Besitzt von Schuldnern, hatten aber anders als in Deutschland niemanden, an dem sie ihn verkaufen oder übertragen konnten. Rolands Eigentum wurde an eine natürliche oder juristische private solvente Person übertragen und das von Svetljo zahlt seine Miete an den neuen Eigentümer – die Bank – aus dem zweitgrößten Staatshaushalt der Welt.

Zweitens. Es gibt Fälle von angewandter Hebelwirkung, aber keinen UMSATZ– das, was in Wikipedia BG weggelassen wird, es aber notwendigerweise absolut erforderlich ist!

Drittens. Roland und Millionen anderer ähnlicher Teilnehmer zahlten noch 10-15 Jahre lang viele Beiträge und hatten ihre hohe Kapital- und Dienstrente verpfändet, somit begann die Finanzkrise nicht in Deutschland. In Amerika gab es nur wenige Leute wie Roland. Das ist, grob gesagt die

Erklärung für die Finanzkrise, die mit dem Zusammenbruch und Konkurs der Bank Lehman Brothers begann. Dort wurde großes Risiko auf sich geladen. Zu groß!

Viele Menschen wussten es, aber erst jetzt, heute, 14 Jahre später, versuchte Ben Bernanke, der Leiter der US State Gold Reserve und Finanzminister, als die Krise zu seiner Zeit auftrat, die Krise zu erklären, wofür er am 9.10.22 den Nobelpreis für Wirtschaftswissenschaften bekommen hat! Gut gemacht! Bravo Beny!

Der Helikopter Beny!

Wenn man das Geld aus dem Fenster wirft, bekommen es nur einige Passanten. Das war für Beny nicht gut genug. Auch das Gieskannenprinzip war nicht gut genug. Beny wollte das Geld aus dem Fenster eines fliegenden Helikopters werfen, so dass alle es bekommen konnten – reiche wie auch arme Leute. Nur – das keiner es richtig bemerkt hat, Beny hatte ein gutes Auge und das Schuldenbuch bei sich. Er hat alle gesehen und notiert, die sich nach dem Geld bückten, er wollte es mit Zinsen wieder haben.

Helikoptergeld ist eine extreme Form expansiver Geldpolitik, es ist eine Ausweitung der Geldmenge. Es führt direkt in die Krise, obwohl man es nicht sofort bemerkt. Jahrzentelange, erfolgreiche deutsche Geldpolitik wurde über Bord geworfen. Auch italienische und griechische Geldpolitik war nicht gut genug, sie hat ja nur Schulden hinterlassen!

Manche deutsche Journalisten wie Maybrit Illner, Anne Will, Sandra Maischberger zeichnen sich durch mangelnde Fachkentnis, ja manchmal Dummheit und angelerntes Verbiegen und Verschweigen von Faktoren und Wahrheiten. Der Moderator der Sendung im Staatsfernsehen ARD, Max Moor hätte für die Inhalte seiner Sendungen von den Professoren der Technischen Universitet Dresden Georg Mierdel und Alfred Recknagel eine glatte 5 bekommen und hätte dürfen seine unwissenschaftliche Behauptungen niemals verbreiten dürfen, auch nicht in einer kleinen Gruppe Dümmlingen, gescheige den im staatlichen Fernsehen.

Maybrit Illner, Paradepferd des deutschen Journalismus, versuchte in einer großen Talkshow zu erklären, worin die Finanzkrise bestand. Eingeladen waren von ihr einige Professoren und der ehemalige Direktor der Bundesbank, in der Zeit als die Krise sich ereignete, Prof. Dr. rer. pol. Dr. h.c. Axel A. Weber. (leitend von 1.5.2004 bis 1.5.2011). Er hätte die Krise sofort und besser als Ben Bernanke klären und vermitteln können. Dies gelang ihm in dieser Sendung jedoch nicht, sonst hätte er den Nobelpreis bekommen. Es ist zu vermuten, das B.B. in der Zeit als diese Talkshow in Fernsehen lief, noch einer Schweigepflicht unterlag. Mir ist aufgefallen, dass die Moderatorin Illner an einer Stelle die

Ausführungen eines Gastes, die sich als irreführend herausstellten, unwidersprochen gelten lies. An einer anderen Stelle war es umgekehrt – etwas, was goldrichtig war, wurde unter den Teppich gekehrt. Dafür wurde sie mit dem höchsten Journalistenpreis ausgezeichnet. Ironie off.

Siebte Rubrik, die letzte.

Gibt es etwas Wichtiges, das Lazar nicht wusste, worüber er nicht gesprochen hat, und was ist das?

Ich bin überzeugt, dass kein Leser in der Lage sein wird, eine solche Frage zu stellen. Die Antwort wäre sehr einfach und ist eine logische Konsequenz aus der Frage selbst. Aber Lazar stellte sich dessen nicht, er vergrub die Frage „Wie viel ist Svetljos Haus für Svetljo wert?" in sich und hinderte sich daran, etwas anderes Wichtiges in Betracht zu ziehen. Ich muss berichten, dass Lazar einen hundert Quadratmeter großen Laden gemietet hat, plus einen Lagerraum, einen Raum mit einer Klimaanlage für verderbliche Produkte, ein Badezimmer, usw., das von mir allgemein als kleines Superlädle bezeichnet wird.

Der Laden befand sich im Erdgeschoss eines riesigen fast 90m langen sechsstöckigen Mehrfamilienhauses, neben anderen ähnlichen Fleisch-, Schreibwaren- und Buchläden, einer Bankfiliale, einem großen italienischen Restaurant, einer Apotheke, einem Kopier- und Computerservice, einem Friseur u. viele weitere ähnliche Objekte. Lazar wollte das Geschäft kaufen, in dem er arbeitete und fragte sich, WARUM die Gruppe von 5-6 Geschäftsleuten, die das Gelände bebauten, ihm nicht einen kleinen Teil davon für seinen eigenen Gebrauch verkauften? Das ist die FRAGE. Er hat sie NUR einmal gestellt, statt ständig aufs Neue, langfristig und für sich selbst geltend, dh. nicht an andere gerichtet.

DIE ANTWORT ist ganz einfach – die Eigentümer wollten die Hebelwirkung nur für sich allein nutzen, d.h. die Miete von Lazar und seinem Nachfolger für die Nutzung eines Ladens auf ewige Zeiten sich auf keinen Fall entgehen lassen, deswegen wollten sie ihm nicht auch nur einen kleinen oder unbedeutenden Teil verkaufen! Somit ging das gesamte riesige Gelände nach 25 Jahren in deren Eigentum über – ohne eigenes Geld zu geben! Nachdem Lazar also eine Million Mark verdient hatte oder gleich am ersten Tag, nachdem er angefangen hatte zu arbeiten ohne noch etwas zu verdienen, musste er eine ANDERE Immobilie KAUFEN (auf Kredit, vorneweg ohne, oder mit Leverage), für die bestimmt war, sie sollte irgendwann später vermietet werden!

Würde Lazar das Objekt mit einem Kredit kaufen, dann handelt es sich um eine Hebelwirkung, Leverage (der von Lazar getätigte Umsatz soll Kapital und Zinsen an die Bank zurückzahlen. Dabei tritt ein interessantes Phänomen auf. Für Lazar besteht eine Hebelwirkung, ohne dass der von Lazar gekauftes Objekt, von Lazar als Besitzer an eine ANDERE, ZWEITE Person weitergegeben wird. Das bedeutet, dass er es ALLEIN benutzen könnte. Ich vergleiche es damit, dass Svetlio und Roland, um einen Leverage zu benutzen und überhaupt überleben zu können, einen ANDEREN Mieter finden MÜSSEN und die gekaufte Immobilie nicht SELBST als Wohnhaus oder Wohnung nutzen dürfen!

Jemand hätte es den drei Männern sagen sollen! Die einfachste Sache der Welt! Eine andere Frage ist, würde Lazar es tun? Er selbst hat sich verbaut und versperrt, steckte fest in einer Klemme und konnte nicht, zumindest theoretisch über diese Möglichkeit nachdenken und sprechen.

Eine Dreizimmerwohnung in schöner Lage, direkt neben dem Hauptbahnhof, hat er trotz des Verbots seiner Frau noch erstanden!

Seine Ehefrau entpuppte sich als dickköpfig und mürrisch, lebte allein in der ehemaligen Wohnung der Familie und nahm sich einen Freund, der die Miete bezahlte.

Als der Freund erfuhr, dass sie als noch nicht geschiedene Ehefrau durch ihren Mann Lazar Miteigentümerin einer Wohnung war, heiratete er sie unter der Bedingung, dass die Hälfte der Wohnung, in der Lazar lebt, als Eigentum von ihr auf ihren neuen Mann übergehen würde nach der Hochzeit. Nach

Meinung der Ehefrau von Lazar, durfte er kein Eigentum kaufen. Nachdem er es selbst mit seinem eigenen Geld gekauft hatte, stellte sich heraus, dass die Hälfte der Wohnung Eigentum des neuen Ehemanns seiner Ex-Frau wurde. Das Gericht verpflichtet Lazar, Miete für die Hälfte seiner eigenen Wohnung an den fremden Rivalen zu zahlen! Gut gemacht, bravo! Die Gerechtigkeit bekommt immer Recht!

Ich erinnerte mich, dass es in der Zeit von Balzac (Cousine Beta) und später von Maupassant viele solcher Geschichten gab. Als ich sie mit Interesse las, war ich 12 Jahre alt. Das war 1953, die Zeit VOR Rock, Beat und Hippness, die am 21. April 1954 begann. Jetzt bin ich 82 Jahre alt und krank – ich habe schon lange keine Lust mehr auf solche Dinge, die Balzac und Co. betreffen, historische oder aktuelle! Sie werden unter Tausenden von der gleichen Sorte bei XYZ abgedeckt.

## Kapitel 5 - Terminhandel

Heute, am 12.02.2022, fand ich selbst heraus, dass der Fall vom 22.02.1990 NICHT NUR LEVERAGE WAR, SONDERN EIN TERMINGESCHÄFT, DAS NUR AUSDRÜCKLICH UND AUSSCHLIESSLICH DURCH LEVERAGE-HEBELUNG ERFOLGT.

Nicht umsonst beschäftige ich mich seit 32 Jahren mit diesem Thema, mit diesem Fall, mit dem ich mich auseinandersetzen musste und es mir jetzt endlich gelungen, ihn mir selbst zu erklären. Dies geschieht in meinem Interesse, aber gleichzeitig bin ich daran interessiert, es anderen Menschen zu erklären – deshalb schreibe ich dieses Buch. Nicht umsonst habe ich Hunderte von Umfragen und Befragungen von Menschen durchgeführt, aus rein theoretischem Interesse mit einem aufschlussreichen und innovativen Aspekt. Ich habe aus den Antworten der Befragten nichts abgewinnen können, sondern würde sie nur als Stoff für ein Gespräch nutzen, an dem ich mich aktiv beteilige und gleichzeitig möglicherweise etwas davon lernen kann.

Ich verstehe jetzt aus dem Ergebnis MEINES DENKENS und in Bezug auf die Umfragen, dass ich einen Fall von Terminhandel entdeckt habe. Ich bin davon überzeugt, dass nur sehr wenige Menschen in Bulgarien mit einem solchen Effekt und Phänomen vertraut sind, obwohl Banken viele

Optionen zu diesem Thema emittieren und erstellen und viele Menschen solche Optionen an der Börse handeln. Vielleicht einige Millionen Menschen auf der Welt, die sich einer Milliarde von den Banken erstellte Optionsscheine bedienen, bzw. CFD- Handel betreiben, Contrakt For Difference.

Während der Finanzkrise in Amerika wurden eine Million Menschen zu Millionären.

Mehr als das Fünffache der tatsächlich VERFÜGBAREN Bestände und Preise von allem auf der Erde vorhandenen Waren und Aktien werden an der Börse gehandelt und es wird auf diese gewettet. Ein vierfaches Luftvolumen wird weltweit zu den tatsächlichen Volumina dazu genommen. Es ist nicht einmal Luft, es ist ein Vakuum! Es gibt aber auch Wetten, die auf echtes Vermögen gemacht werden. Das betrifft mein Fallbeispiel.

Etwas anderes, einfacher als das, ist die Art und Weise, wie Sie an der Börse gewinnen, wenn der Kurs FÄLLT, nicht wenn er steigt – es ist einfach zu verstehen. Wie passiert das bei einer fallenden Rate? Wenn Sie das Ding besitzen, auf das der Kurs fallen wird, verkaufen Sie es sofort AUF DIE SEKUNDE, und wenn der Kurs tatsächlich schon gefallen ist, kaufen Sie es wieder BILLIGER - die Differenz ist Ihr Gewinn. Tatsache ist, dass Sie es besaßen, und um zu gewinnen und ermitteln, wie viel Sie gewonnen haben, müssen Sie es WIEDER besitzen, Sie müssen es nur wieder kaufen.

Aber es geht auch anders! Wenn Sie es nicht besitzen, können Sie es trotzdem verkaufen! Sie verkaufen etwas, was Sie nicht haben! Für eine Kaution im gleichen Wert - die Bank besitzt es und verkauft zum Kurs des Aktienmarktes. (Banken besitzen sehr viele Vermögenswerte, aber nicht alle sind an der Börse investiert. Banker verleihen sie auch an einzelne Spieler an der Börse gegen eine Kaution und verdienen in diesem Fall NUR eine Kauf-Verkaufsgebühr von 5 BGN). Hier ist die STÜCKZAHL wichtig.

Die Bank verkauft STÜCKE von dem Ding. Wenn der Kurs fällt, was die Bedingung für den Gewinn ist, und Sie die Transaktion beenden möchten, kauft die Bank in einer Sekunde und zu einem günstigeren Preis genauso viele Stücke von der Sache und erhält ihr eigenes Eigentum an den Einheiten zurück, die sie zuvor teurer verkauft hatte. Diese Sache nennt man LEERVERKAUF, es wird in Aktienhandelunterricht nicht erwähnt, Banken lehren und beraten Kunden über solche Transaktionen nicht. Diese werden als Trading SHORT bezeichnet, und wenn Sie auf einen steigenden Kurs setzen, wird die Wette LONG genannt.

Es ist einfach zu verstehen und zu üben. Mit einem Short verdienen Sie nur Geld, wenn Sie das Ding geliehen haben, und Sie es nach Abschluss des Geschäfts nicht mehr besitzen. Um zu gewinnen, haben Sie es in einem Stück an die Bank zurückgegeben, d.h. sie besitzen die Einheiten nicht mehr. Wenn Sie mit einem Short gewinnen wollen, können Sie den anderen Weg gehen, den ich bereits erwähnt habe, wenn Sie das Ding besitzen und nach dem Gewinn müssen Sie es WIEDER BESITZEN. Ich habe dies wiederholt gesagt und geschrieben, um hier deutlich zu machen, dass es nicht das GLEICHE ist, ob Sie das Ding besitzen und immer investiert sind, oder nichts als Bargeld besitzen. Da ist ein Unterschied! Aber kein gewöhnlicher Marktteilnehmer macht sich diesen Unterschied bewusst. Das ist der Grund für mich, es zu kommunizieren und zu erklären – den Unterschied.

Während eines Fluges von Sofia nach Berlin am 16.10.2022 habe ich mir erlaubt, einen zwei Generationen jüngeren Mann, der zufällig neben mir saß, zu fragen – wie verdient man an der Börse Geld, wenn der Kurs fällt?

"Wenn Sie sofort verkaufen, im Voraus!" wie aus der Pistole schoss er seine Antwort. Diese selbstgemachte, selbsterklärende, einfache Antwort hat mich umgehauen.

Die Antwort war unberechenbar, von Herzen kommend, und deshalb hat es mir wirklich gefallen und es hat mich begeistert! Eine so präzise Antwort auf diese Frage hatte ich noch nie von jemandem gehört, 32 Jahre lang. Den Bänkern war es verboten solch eine Antwort zu geben, da man dachte, der Börsenkurs könnte oft einstürzen. Ich dachte an einige Verwandte und Doktoren der Wissenschaft, die es überhaupt vermieden, eine Antwort zu geben und andere wollten es nicht verstehen und sagten nichts! Dies - in all den 32 Jahren, in denen ich versucht habe, von irgendjemandem etwas zu diesem Thema zu hören! Ich vergleiche die Antwort des Jungen mit der Antwort der Frau, die ein Jahr zuvor mit einem Bleistift auf einem Blatt Papier den doppelten Preis für Svetljos Haus ausgerechnet hatte! Um zu sagen „doppelt“ brauchte man eigentlich kein Papier und Bleistift. Vieles sollte man über dem Daumen sehen können, manches mit Augenmaß, und Wichtiges wird auf die Goldwaage gelegt.

An der Börse können Sie alles verlieren, was Sie setzen – aber nicht mehr als 100 %, und Sie können 200, 300 % und mehr gewinnen, wenn Sie es nur können! Sie müssen aber den Puls und die Richtung des Kurses spüren! The trend is your friend!

Es wird kompliziert, ich persönlich habe sieben Tage gebraucht, um die Aufgabe zu DEFINIEREN, Fallbeispiel 22.2.1990, einziger unter einem Dutzend Changemaker, darunter viele Akademiker und Doktoren der Wissenschaften. Sieben Tage lang saß ich während und nach dem Abendessen auf einem Stuhl, die Ellbogen auf dem Tisch, die Handflächen über den Ohren, und wiederholte mir nach der intensiven und ermüdenden Taxifahrerei: "Da ist etwas!" Hier ist etwas!" Nicht nur die alten Geldwechsler, sondern all die mehreren Hundert

Menschen, die ich in 32 Jahren befragt habe, haben sich getraut, diesem Fallphänomen einen Zentimeter näher zu kommen. Der Finanzier aus Lom hat noch nichts gemeldet! Er sollte jetzt im Nachhinein die Sache klären, wenn er fähig wäre sich geistig 32 Jahren zurück zu versetzen. Das wäre eine rein theoretische Angelegenheit für mich und eine einmalige für ihn. Niemand hat mir etwas gesagt. Ich hatte es einigen Leuten erklärt, zum Beispiel Januar 1991 in Yambol, aber sie haben es nach einer Weile vergessen und konnten es nicht wiederholen. Der Job ist so einfach wie eins und eins ist zwei! Die Fallstudie sollte als Beispiel für konstruktives Denken in Erinnerung bleiben und nicht vergessen werden!

Am 22. Februar 1990 hatte ich auf den Bankkonten von mir, meiner Frau und zwei Töchtern jeweils 4.000 Ostmark gesammelt, die legal eins zu eins in Westgeld pro Nase getauscht werden würden. Wenn mehr als 4000 auf dem Bankkonto waren, würden sie zu zwei Ostmark gegen eine Westmark am 1.7.1990 umgetauscht.

Seit Beginn des neuen Jahres 1990 habe ich alles Westgeld, das mir hier oder dort begegnete, größtenteils gekauft, wie immer zu meinem Vorteil gegen Ostgeld eingetauscht, unabhängig von früheren Aktionen. Ich hatte keine einzige Westmark in der Tasche. Ich hätte sie nicht halten müssen – das wäre kontraproduktiv gewesen. Was beinhaltet diese

Fallstudie? Ostgeld leihen? Das wäre leicht möglich gewesen, aber es hätte absolut NICHTS gebracht!

ANTWORT: Man muss sich zum Beispiel 5.000 Westmark real leihen, umtauschen zum Kurs, der immer noch eins zu fünf war, also es werden 25.000 Ostmark. Am 1.7.1990 werden sie per Gesetz automatisch in 12.500 Westmark umgetauscht, die geliehenen 5.000 kommen zurück und 7.500 Westmark bleiben als reiner, steuerfreier Gewinn übrig. Ich habe sieben Tage gebraucht, um auf diesen einfachen Schritt zu kommen! Mein Haus war weniger als 7000 Westmark wert, dh. weniger als der Gewinn aus diesem Umtausch, und jetzt wiederhole ich, 444-mal mehr.

So erscheint mit einem Daumenklick zum Mittelfinger ein Haus aus dem Nichts, das jetzt nach 33 Jahren zusammen mit dem Grundstück mehr als 1,6 Millionen Euro wert ist, was der Wert meines Hauses im Moment ist. Ich wiederhole – eine Million sechs hunderttausend Euro kommen aus dem Nichts.

Ich möchte mich bei dem Leser entschuldigen, ABER WIE KONNTE ICH KEIN BUCH ÜBER DIESES DING SCHREIBEN, über das, was ich entdeckt und erfunden habe? Warum habe ich mich mehr als drei Jahre damit beschäftigt, rund um die Uhr ein Taxi zu fahren und davor ein Taxi schwarz?

Und habe ich es vorliebgenommen Changler zu sein? Meine Frau zum Weinen zu bringen?

Das Grundstück ist das Teuerste, es liegt sehr zentrumsnah in einem ausgesprochen lebenswerten Quartier, zudem ist die Stadt Sachsens Landeshauptstadt. Ich habe diese Daten bis jetzt versteckt, aber wenn es einen Dieb oder Kriminellen gibt, der meine Daten stiehlt, weiß ich nicht, wie er das Grundstück und das Haus stehlen wird. Er würde mir höchstens einen Fernseher und einen Kühlschrank stehlen – sonst gibt es nichts zu stehlen.

Ich prahle nicht! Wenn irgendein Leser denkt, dass ich prahle, belügt er sich ernsthaft! Ich berichte nur die Wahrheit. Ich kann nicht lügen. Warum sollte ich lügen oder prahlen? Tatsache ist, dass mich der Inhalt beschäftigt. Das ist nicht das Wichtige! Es könnte alle Menschen, die in dieser fraglichen Umgebung lebten, gleichzeitig betreffen! Dass hier Glück eine große Rolle spielt, versteht sich von selbst, ich stimme zu, ich hatte Glück. Noch wichtiger ist, ich habe versucht, es zu haben. Ich habe Vorkehrungen für sein Erscheinen getroffen. Generell gilt im Leben die Regel: „Du hast keine Chance, also nutze sie!“ Ein umgewandelter Slapstick aus der Mahnung, dass jeder Mann seine Chance nutzen sollte. Der Zufall ist etwas, das nur fiktiv ist. Woher weißt du, dass du eine Chance hast? Du verstehst das immer später. Du verstehst es, wenn sie schon weg ist und es kommt sehr selten wieder. Du musst also das Glück an der Kehle packen, wenn es auftaucht, und es nicht loslassen! Du muss erschnüffeln und verstehen, dass du eine Chance hast.

Also lief ich am Morgen des 1.3.1990 los, um bei Freunden 5000 Westmark zu suchen. Mein Freund T., der mir 1983 einen sündhaft teuren und überteuerten Opel-Wagen verkaufte, war als KFZ-Mechaniker in einem Staats-unternehmen beschäftigt, er war sehr reich, nahm Bestechungsgelder an und lachte fleißig über die Diplom-Ingenieure, was das für Dummköpfe waren! Er besaß drei Häuser und drei Autos. Sie schickten ihn freiwillig mit einem von der Botschaft ausgestellten Dokument nach Westberlin, um für die Angestellten der Botschaft und der bulgarischen Handelsvertretung in Ostberlin Ersatzteile für die Autos zu kaufen, sie dann zu reparieren und zu warten. Dienstleistungen im Westen waren ziemlich teuer, sogar für unsere diplomatischen Beamten. Sehr schwierig, aber gelegentlich gelang es ihm, ein ostdeutsches polizeiliches Nummernschild an einem aus dem Westen importierten Auto zu bekommen und obwohl es unvergleichlich schwieriger war, (nicht, dass es keine Käufer gab, aber die Polizei stellte keine Genehmigung zum Weiterverkauf für ein solches importiertes Auto aus - es war für den Eigenbedarf des Importeurs bestimmt), er verkaufte das Auto in Dresden zum Preis von zwei Häusern, wie ich ein solches im Januar 1989 kaufte. Die polizeiliche Genehmigung zum Kauf des Opels kostete mich zwei Monate

Leiden, unglaubliche Nerven, Streit mit den Behörden, Angst usw. Die Fabriknummer wurde mit einem Flex gelöscht, und die neue, schief eingetippt, passte nicht einmal zu dem Dokument aus dem Westen für den Besitz eines Autos und stammte von einem anderen Autotyp. Ich musste auch zum technische Gutachter der polizeilichen Zulassungsstelle in Dresden für die Identifizierung des Opel-Typs - Kadett, - „a“, „b“, oder „c“? In West-Berlin zeigte mir dieser Freund T. stolz den lächerlichen Preis für so etwas, was er gekauft, über die Grenze gebracht und mit neuen Ostdokumenten versehen (ich war Pionier und Versuchskaninchen für die Beschaffung solcher Dokumente), und von ihm schließlich in Dresden verkauft - ein BMW für 100.000 Ostmark, als er es schaffte, mich für ein paar Stunden mit einem Passierschein nach Westberlin mitzunehmen, mit dem Ziel, dass ich auf dem Autofriedhof ein paar Ersatzteile für den Opel kaufe, den er mir verkauft hatte. Er zeigte mir in einem Gebrauchtwagengeschäft in Westberlin denselben BMW, den er in Dresden gefahren und verkauft hatte, und den Preis, zu dem er es im Westen gekauft hatte, aber er hatte ihn um die Hälfte gesenkt und im Osten unverschämt überteuert. Als ob es die einzige (in diesem Fall protzige) Sehenswürdigkeit von Westberlin wäre, dass er mir zeigte und für die es sich lohnen würde mit nach Westberlin genommen zu haben. Es war nicht einfach für mich, das Kreuzgelenk mit der dazugehörigen Achse plus eine Opel-Feder aus den aufeinander gestapelten Autos selbst auszubauen, aber die angebotene Hilfe des serbischen Besitzers des Anwesens mir zu helfen, lehnte ich ab - die Hilfe war unerschwinglich teuer. Ich habe es auch geschafft, einen Rollgurt zu demontieren, habe ihn in meinem Werkzeugpäckchen versteckt und nicht bezahlt - aus Geldmangel, ich hatte kein Westgeld mehr, außer fürs Notwendigste. Den Gurt habe ich in Dresden für 300 Mark Ost verkauft – so teuer, weil es dort noch keine Autos mit Rollgurten gab - 1985. Mit diesem Geld hätte ich einen ganzen Monat Urlaubsunterkunft im Ferienhaus in Bulgarien oder in Ostdeutschland bezahlen können – mit sauberer Bettwäsche und Duschbenutzung samt Strom fürs Kochen von Mittagsessen. Ich habe eine fast neue, schöne Sitz- und Rückbank, weil meine abgenutzt waren, hinter den Zaun des Autofriedhofes geworfen und dort einen Hilfsarbeiter des benachbarten Betriebes gebeten, sie vor seinem Betriebsgelände nebenan auf die Straße zu tragen, aber er hat nicht das getan, um was ich ihn gebeten habe. Ich hatte auch ein anderes teures Teil für das Auto vorbereitet, ich weiß nicht mehr was, um es auch über den Zaun zu bekommen, aber es ist auf dem Boden im Gras, im Autofriedhof liegengeblieben. Nach Feierabend beschloss ich, von der Straße aus über den Zaun des Autofriedhofs, oder des benachbarten Betriebes zu springen, aber ich hielt mich zurück –

ich hatte im Radio gehört, dass die Polizei in Westberlin am Tag zuvor einen solchen Dieb erschossen hatte, wie ich einer werden wollte, ich bekam Angst und gab es auf, über Zäune zu springen! Damals schossen sie immer noch auf Diebe! Jetzt laufen sie von den Dieben davon, hängen sie, symbolisch auch nur, nicht auf, weil die Diebe die Polizisten erschießen.

Gestern haben zwei Wildschwein-Wilderer zwei junge Polizisten erschossen, darunter eine schöne, junge Polizei-Anwärterin. Die Polizisten wollten den Autokofferraum der Wilderer kontrollieren. Unter den Politikern herrschte im Fernsehen Verwirrung und Heuchelei, da sie sich mitverantwortlich und gar mitschuldig an dem Geschehen gesehen haben, es war ihr Verantwortungsbereich, aber sie konnten im Nachhinein nichts machen. Sie sind es nicht gewohnt, effektiv mit Kriminellen umzugehen. Sie können ihr Volk nicht vor Mördern und Messerschwingern schützen. Letztere sind mehr als Zehntausende. Sie sind bekannt, aber ihre Identität darf in den Medien nicht genannt werden.

Es fällt mir schwer, meine Gedanken zu verbinden und sie hier an ihren Platz zu setzen, wo sie meinen vorherigen Gedanken entsprechen, um die Erzählung zum Laufen zu bringen. Ich bin gezwungen, diese zu zerreißen.

Ein Termingeschäft ist ein Einsatz an der Börse zu einem bestimmten Termin um 13:00 Uhr. Das bedeutet, dass Sie ab heute Geld an der Börse setzen, aber nicht zum heutigen Kurs, sondern zum unbekannten Kurs zum Termin. Wenn nach einiger Zeit - am festgesetzten Hexensabbat, obwohl es ein Freitag ist, weil am Samstag die Börse nie arbeitet - der Kurs für Sie besser ist, dann ist ein Gewinn da, ist der Kurs schlechter, endet das Geschäft mit Verlust.

Das bedeutet theoretisch, dass ich 25.000 Ostmark auf das Datum 1.7.1990 setze, die in Westmark umgetauscht werden. Wenn der Wechselkurs am 1.7.1990 6 Ost für 1 West ist, verliere ich - ich bekomme NUR 4.160 West, (25.000 : 6) und ich habe vorher 5000 West gegeben. Wenn der Kurs weniger als 5 Ost zu 1 West beträgt, dann gewinne ich. In der Praxis weiß man an der Börse nie, wie der Kurs am zukünftigen Tag um 13:00 Uhr sein wird. Hier ist bekannt, dass es nach dem Gesetz 2 zu eins sein wird, also 25.000 Ostmark : 2 gleich 12.500 Westmark. Und am 1. März 1990 betrug der Kurs nicht zwei Ostmark, sondern fünf Ostmark für eine Westmark. Es ist nicht schwer herauszufinden, aber ich habe 7 Tage dafür gebraucht. Ein historisches Phänomen im Wechselbad! Außer mir hat keiner der Menschen, die ich 32 Jahre lang befragt habe gesagt, worum es geht. Dies war auch die Antwort des betreffenden befragten Freundes T., nachdem ich mehrere Tage mit der dringenden Bitte, er möge mir 5.000 Westmark leihen, bei ihm auf der Arbeit gewesen war und ihm erklärt hatte, ich würde es ihm doppelt zurückgeben, d.h. 10.000 Westmark statt 5.000, er sagte mir: „Ich habe nicht verstanden, was du mir gesagt hast“.

Gleich am nächsten Tag, nachdem ich den Abend zuvor herausgefunden hatte, was zu tun sei, legte ich auf meinem Schreibtisch an meinem Arbeitsplatz ein A5-Blatt mit dem Text: „Ich suche von jemandem 5.000 Westmark zu leihen. Ich werde es ihnen doppelt zurückzahlen, für ihn wird der Gewinn mit 300% jährlicher Verzinsung sein.“ Ungefähr zwanzig Leute, technisches Personal, Vorgesetzte und andere, gingen ständig an meinem Schreibtisch vorbei, lasen, was geschrieben stand, sprachen aber nicht mit mir. Sie wollten sich erst erklären, was ich geschrieben habe, und mit der Zeit hielten sie mich für interessanter Mensch, eine Art Witzbold und Provokateur. Ich habe jeden Tag die Zahl 300 durchgestrichen und darunter 299, 298, 297 usw. gesetzt, was die Prozentzahlen betrifft. Zuerst sprach mich ein promovierter Techniker an, der für das Betriebssystem von Computern zuständig ist. "Wie ich sehe, brauchst du Westgeld, wenn du willst, wechsle ich dir 50 Westmark."

"Vielen Dank, sagte ich, ich habe hier geschrieben, dass ich jemanden suche, der mir das Geld leiht, aber nicht verkauft."

"Was ist der Unterschied, willst du nicht in den Westen gehen und sehen, was es dort gibt, und etwas für deine Frau und deine Töchter kaufen?"

"Das darf ich auch, es ist nicht verboten, Westgeld für einen solchen Zweck zu kaufen, aber es ist mir wichtig, Geld zum Ausleihen zu finden."

"???" – war die Reaktion des Doktors, - ich wünsche dir alles Gute, sagte er, was für mich bedeutete – *** mich!

Danke, antwortete ich ihm, und alles Gute für dich!

So verlief das Gespräch mit dem Doktor nach Watzlawicks Regeln, höflich, kollegial und freundlich, aber der Inhalt des Besprochenen wurde nicht erwähnt und blieb dem Doktor verborgen! Gespräche nach Watzlawicks Regeln führen immer zu keinem Ergebnis. Resultat ist Null!

Von meinem Treffen mit dem Doktor wurde ich überzeugt, dass das, was ich mir ausgedacht habe, nur mit geliehenem Geld zu realisieren ist! Bisher herrschte überall die Meinung vor, dass es nicht gut ist, sich zu verschulden? Kredite nimmt man dann, wenn man kein Geld hat. Ich aber hatte mehr als 20.000 Ostmark auf vier Bankkonten - ist es nicht ein Widerspruch, sich mehr leihen zu wollen?? Und ist das nicht kontraproduktiv? Ich war kurz vor meinem 50. Geburtstag und mein Verstand war noch klar, aber ich begann zu zweifeln. Ich konnte mich nicht von meinen Gedanken befreien, bis ich dieses

Dilemma für mich beantwortet hatte: Westgeld zum tauschen ist die „Ware“ und Ostgeld ist das, womit diese Ware gekauft wird, wie immer. Im Fallbeispiel vom 22.2.1990 ändert sich in erster Linie nichts – hier wird hauptsächlich auf ein Termingeschäft gewettet, das nur und nur zu Beginn mit Westgeld getätigt wird, und zwar nur dann, wenn es sich um geliehenes und nicht um eigenes Geld handelt. Möglicherweise brauchst du kein eigenes Westgeld zu besitzen!

Philosophisch gesprochen bedeutet dies, dass der Händler seinen eigenen, durch die Höhe der Mittel die er selbst besitzt, seinen begrenzten Wirkungsbereich verlässt und in einen anderen, ihm fremden Bereich eindringt, fremd ist es, da er dort kein eigenes Geld besitzt. Dort versucht er ZUSÄTZLICH zu agieren.

Aggressiv, erobernd. Soweit andere ihn zulassen würden. Dies geschieht zunächst OHNE Geldwechsel, wichtig ist, sich Geld (also eine bestimmte Ware) zu LEIHEN. In diesem Fall ist die Ware, d.h. das Geld nicht Ostmark, sondern nur Westmark. Noch einmal: Das Westgeld ist geliehen, es ist kein Ergebnis von Geldwechsel, wie ich ihn seit vier Jahren betreibe. Der Geldwechsel muss erst dann vorgenommen werden, NACHDEM das Westgeld bereits ausgeliehen wurde! Ich musste mir diese Dinge selbst erklären und ich habe in 32 Jahren niemanden gefunden, der sie mir nicht nur erklärt, sondern verstanden hat, als ich sie ihm erläutert habe.

Ich bin mir schon jetzt sicher, dass jeder Leser sagen wird, dass ich die vorherigen 10 Zeilen wiederhole. OK, aber könnte der Leser sie selbst wiederholen (anstelle von mir)?! Sobald er merkt, dass ich sie wiederhole, weiß er, dass er sie von mir gelernt hat – vor einer Weile. Machen Sie einen Selbsttest – könnte der Leser das gleiche wiederholen, was ich wiederhole? Wozu sind wir zur Schule, Gymnasium, Hochschule und zur Universität gegangen? Ist es nicht besser, wir bleiben Erstklässler?

Ich sehe, dass ich meine Geschichte abkürzen und mir meine Gespräche mit Ancho und seinem Sohn Dono sparen muss – beide waren sehr reich, aber ich habe hier kein Recht zu erklären, wie das passiert ist! Es ist ihre Aufgabe. Wichtig ist zu sagen, dass sie mich nicht verstanden haben, aber selbst wenn sie mich verstanden hätten, hätten sie mir immer noch kein Westgeld geliehen. Obwohl sie immens davon profitiert hätten, wenn sie das getan hätten. Das Doppelte an Gewinn!

Ich habe auch Lazar gefragt, aber es stellte sich heraus, dass er nicht so viel Westgeld hatte und selbst wenn, würde er es mir nicht leihen. Er wollte gar nicht von mir wissen, worum es ging und warum ich ein Problem hatte. Im Fall dass er Westgeld hat, ist es für ihn leicht zu wissen, dass er es gegen Ostgeld eintauschen muss. Aber er erkennt nicht, dass wenn er sich Westgeld ausleiht, 2,5 Mal MEHR VERDIENEN KANN!

Es stellt sich heraus, dass ich in diesem meinem Schreiben versuche, die Wirkungen, Auswirkungen und Phänomene an sich zu erklären. Außerdem stellte sich heraus, dass es MEHR ist, ich erkläre auch die Reaktion der Menschen, ihre Antworten und ihr Verhalten, ihre Konfrontation mit den Phänomenen. Von Lazars Frau bis zu der Russin, die in Addis Abeba arbeitete – ich könnte tausende ähnlicher Reaktionen aufzählen, aber ich muss davon absehen!

Ich habe mehrere Westbanken besucht, die sich unmittelbar nach der Wende niedergelassen haben, die meisten nach dem 2.1.1990 in Dresden. Da hat man mich ausgelacht, weil ich mir 5000 Westmark in bar leihen wollte! Sie gewährten nur den Personen die im Rathausregister eingetragenen Privat-Unternehmen und kleinen GmbHs Kredite, ausdrücklich nur, um nun frei Waren oder Maschinen zur Produktion aus dem Westen zu beziehen und einzuführen. Sie konnten nur von westliche Firmen ausgestellte Rechnungen bezahlen und nichts weiter! Auch die einzelnen Bankangestellten, Westdeutsche, reagierten nicht auf meine Bitte, mir Geld aus ihrer eigenen Tasche zu leihen, nachdem ich ihnen ein Sicherungsdokument bezogen auf mein eigenes Haus, eine notarielle Urkunde von einem

Notar oder vom Notar, der mir das Dokument bei meinem damaligen Hauskauf ausgestellt hat.

Mitte Februar 1990 war ich mit meiner Frau und unserer kleinen Tochter mit dem Auto zu Besuch bei einem Cousin von mir, der seit zehn Jahren im Westen lebt, als Tontechniker in mehreren Theaterhäuser arbeitete, und jetzt seit langem, im zweiten Programm des deutschen Staatsfernsehens, in der Landeshauptstadt einer großen deutschen Provinz. Er lebte in einer großen Mietwohnung, er hatte zwei leere Gästezimmer, außer denen, die er benutzte. Im Oktober, ein halbes Jahr später, arbeitete er als Tonmeister in einem Fernsehübertragungswagen der RTL für die Nachrichten aus Dresden zur Wahl des ersten neuen sächsischen Ministerpräsidenten im vereinigten Deutschland. Dann besuchte ihn seine Mutter aus Sofia in seiner Wohnung und er nahm sie mit, also hatte ich das Glück, sie für 5-6 Tage bei mir zu Gast zu haben und sie zu Kaffee und Kuchen in ein Restaurant namens der Balkon von Dresden einzuladen. Mein Cousin war ein sehr reicher Mann, er erhielt ein sehr hohes Gehalt, er konnte außer Deutsch auch Französisch - besser als Deutsch. Er wurde als Tontechniker für Filmdrehs in Südfrankreich und Spanien engagiert. In seinen Ferien fuhr er nach Kanada, wo er mit dem Hubschrauber die kanadischen Berggipfel hinaufflog, um von oben mit den Skiern zu fahren. Er war zu seiner Zeit der Schöpfer des Skilifts in Semkovo und war der König des Skifahrens in Rila und Pirin. Er fuhr einen Traktor und zog die Skifahrer an Seilen befestigt die steile Piste hinauf.

Er erkundigte sich bei mir nach dem Preis meines Hauses und sagte, es sei sehr teuer. Unterbewusst fühlte ich, dass er aus der Reihe tanzte, er wusste nicht, wie die Preise liefen, aber ich wollte ihn nicht brüskieren, dass ich ein Haus hatte und er nicht, weil er vielleicht keins wollte . Ich sagte ihm, dass mein Haus für mich etwas mehr als 50 Monatslöhne kostete und er sagte erneut, dass es teuer sei, da er wusste, dass es fast 100 Jahre alt und baufällig war. Vielleicht hatte er sich ausgerechnet, dass für ihn diese 50 Monatslöhne weit mehr waren als die Summe von einer halben Million Westmark, und auch im Westen bei ihm gibt es im Augenblick neue Häuser für eine Viertelmillion Westmark, wie sich wenig später herausstellte, dass Svetljos Haus zusammen mit dem Baugrund kostete. Ich habe ihm nicht gesagt, dass ich mein Haus für ungefähr die HÄLFTE seines Monatsgehalts gekauft habe. Ich habe ihm nicht gesagt, dass er mit relativen Zahlen denkt und rechnet. Er denkt, dass das Haus teuer ist, aber die absoluten Zahlen sind ganz andere, und wenn er damit rechnet, ist das Haus lächerlich billig! Er macht seine Überlegungen und Schlussfolgerungen auf Grund seines eigenen Monatsgehaltes, woraus soll er sonst etwas herausfinden? Das ist auch sein Fehler und wenn er nicht zwischen relativen und absoluten Werten unterscheidet, hat er keine Chance, eine richtige Einschätzung zu treffen! Das weiß er nicht! Es ist nicht nur er, die Leute berücksichtigen im Prinzip NICHT die bestehende Unterschiede der Fakten. Hier gibt es aber keine Unterschiede – das Monatsgehalt ist fest, Hauspreis auch. Das relative Verhältnis zwischen den beiden Hauspreis und Monatsgehalt ist UNTERSCHIEDLICH- Für mich ist er 50 und ergibt einen kleinen Hauspreis in absoluten Zahlen. Für meinen Cousin ist er auch 50, was einen sehr großen Hauspreis ergibt. Der Preis hat im gleichen Moment einen relativen und einen absoluten Aspekt. Da mein Monatsgehalt in absoluten, aber auch in relativen Zahlen sehr klein ist, müsste das Haus für mich teuer sein. UMGEKEHRT IST DER FALL! Für mich ist der Preis spottbillig! In Indien erhält ein Bauer, der auf den Feldern arbeitet, als Tageslohn ein Kilogramm Reis, womit er seine Familie ernährt, wenn diese nicht sehr groß ist – ansonsten müssen auch seine Kinder mitarbeiten. In Amerika kann ein solcher Bauer mit einem Tageslohn 100 Kilogramm Reis kaufen – das Hundertfache. Der Reis kostet in Indien wie in Amerika und überall auf der Welt einen Dollar pro Kilogramm, absoluten Wert. Was ist hier teuer und was ist billig?

Mitte der neunziger Jahre musste ich meinen Schwager in Sofia über diese Beziehung informieren. Nach zwei Jahren fand ich heraus, dass er es verstand und es bei zwei Gelegenheiten benutzte. Ich habe es auch seinem Bruder K. in Sinemorets erzählt, aber nach 10 Jahren habe ich gemerkt, dass er nicht verstanden hat, was ich ihm gesagt habe. Vielleicht respektierte er mich nicht und hielt es nicht für nötig, sich an meine Rede und meine Bemerkungen zu erinnern. Soll er machen! Ich bin nicht böse. Sein Bruder ist ein Dollar-Millionär, er hat für eine Million Dollar ein Haus im Vitosha gebaut und kann andere Dinge tun, die ich nicht kann.

Mein Cousin, ein Toningenieur, hat uns sehr nett empfangen und uns beim Mittag- und Abendessen wunderbar unterhalten. Meine Tochter, 13,8 Jahre alt, sagte, sie habe in ihm einen reichen Onkel im Westen, einen Onkel in Amerika, sie war in sozialistischen Zeiten aufgewachsen. Als Geschenk kaufte ich ihr einen Radiokassettenspieler der Marke Sharp mit Platz für zwei Kassetten gleichzeitig, zur anstehenden Jugendweihe, Einkehr in den Kreis der Erwachsenen. 1985 habe ich auch ihrer Schwester, meiner älteren Tochter, einen Radiokassettenspieler geschenkt, für damals noch eine sozialistische Feier für die Jugend. Es war eine Samsung-Marke, dieses Wort hörte ich damals zum ersten Mal, gekauft mit meinem Westgeld von meiner Schwester und meinem Schwager auf dem Weg nach Norwegen mit dem Bulgarischen Touring Club zu dem Bruder meines Schwagers, K ., auf der Fähre nach Norwegen, zollfrei, steuerfrei .

Da bereits bekannt war, dass Westgeld im Osten eingeführt werden sollte, bot mir mein Cousin, der Tontechniker an, mir seinen Wagen der Marke Citroen mit einem Preis von etwa 14.000 Westmark zu verkaufen, soviel wie er damals wert war. Vielleicht für 13.000, aber nach dem 1.7.1990 habe ich es nicht gekauft und ihn darüber informiert. Ich kaufte einen Opel Ascona für 2.500 Westmark, aber mit bereits eingebautem und zugelassenem geändertem DDR-Kennzeichen, für das man 5-6 Tage rund um die Uhr Schlange stehen musste. Blieb das westliche Kennzeichen bestehen, verbot der westliche Vorbesitzer das von ihm verkaufte Auto mit seinem Kennzeichen gefahren wird. Im Fall eines Unfalls würde er gutgeschriebene Punkte in der Haftpflichtversicherung verlieren, seine jährliche Beiträge würden sich erhöhen. Der Verkäufer nimmt die Nummer weg und das Auto bleibt ohne solche. Die Polizei wartet, um solche Käufer abzufangen und sie mit einer hohen Geldstrafe zu belegen, weil sie noch keine Haftpflichtversicherung auf ihren Namen haben. Die neuen Besitzer mussten mit dem Auto, beladen auf ein Hilfstransporter zum Polizeiparkplatz fahren um dort ein neues Nummernschild zu bekommen. Ich bin den Opel-Askona 4 Jahre gefahren, bis er rostete, dann bekam ich von meinem jungen neuen Schwiegersohn, dem Ehemann meiner älteren Tochter, einen gebrauchten Fiat Regatta verpasst. Anstatt einen für mich rentablen Citroën zu verkaufen, mir einen freundlichen Dienst erweisen, hätte der Cousin mir 2-3 Tage nach meinem Aufenthalt bei ihm, als der Umtauschkurs ein zu zwei bekannt gemacht wurde am Telefon sagen können, "Soll ich dir 5.000 Westmark leihen, und du gibst mir nach vier Monaten 10.000 zurück?"

Ich würde sagen: "Ja, mach schon, ich komme gleich mit dem Auto zu dir, um sie dir aus der Hand zu nehmen!" Und ich gebe dir 10.000 zurück." Das bedeutet, dass ich einen Gewinn von 2.500 Westmark gehabt hätte, genug, um einen alten Opel zu kaufen - statt des Gewinns von 7.500 Westmark. Ich hätte mir auch für eine Woche das Nachdenken mit den Ellbogen auf dem Tisch und den Händen über den Ohren ersparen können.

Aber niemand hat mich am Telefon angerufen. Ich dachte mehrmals daran, ihn am Telefon zu fragen, aber ich schämte mich, nach den Nachfragen bei T., Ancho, seinem Sohn, Lazar und den Bankiers dachte ich, dass er auch nicht verstehen würde, was ich ihm sagte - ich gebe ihm das geliehene doppelt zurück. Ich weigerte mich, ihn danach zu fragen! Er hätte denken können, dass ich ihn anlüge und nur verschwenderische Versprechungen mache, die mir nichts kosten, aber gut ablenken, dh. verwirren.

Ich erinnerte mich, dass Lazar mir gesagt hatte, als ich anfing, ein Taxi zu fahren – neulich, am 2.6.1987, dass diese „Berufung" irgendwann enden würde.

Ich glaubte ihm nicht und fragte mich, wie man etwas Notwendiges für die Bürger versperren könnte. Es fängt gerade erst an! Ein Jahr bevor das Ostgeld verschwand, sagte Lazar beim Kaffeetrinken mit den Lastwagenfahrern, dass ein Umtausch von Westgeld nicht mehr stattfinden wird! „Wie das?“ sagten die Fahrer, „es gab schon zur Römerzeit Geldwechsler!“ Aber Lazar ist bei seiner Meinung geblieben!

Im Herbst 1994 waren mehrere schöne junge Frauen, Ehefrauen meiner bulgarischen Freunde, zu Gast bei meiner Frau, darunter die Frau von Hristo E., Doktor der technischen Wissenschaften, Entwicklungsing. in Dresden bei Pentacon, einer Fabrik für mechanische und solche mit Elektrik versehene Fotoapparate, Schmalband-8-mm-Kameras.

Wir hatten das neue Jahr 1978 in ihrer Wohnung begrüßt. Ganz zufällig kam es zu dem Fall vom 22.2.1990. Ich sagte, dass ich damals wie ein Falke oder ein Habicht und ein Adler über Dresden flog und mit scharfem Auge und Schnabel suchte irgendwo 5.000 Westmark abzuhacken. Die Frau von Hristo E. sagte, dass sie an diesem Tag ihre Verwandten im Westen besuchte und ihr Verwandter ihr 10.000 Westmark zum Umtausch in Ostmark gab, weil sie im Radio den Wechselkurs am 1.7.1990 für die Bürger im Osten Deutschlands bekannt gegeben wurde. Aber sie konnte niemanden finden, der ihr das Geld dann fünf zu eins in

Ostmark umtauschen konnte. Ich sagte ihr: „Du hast mich gesucht und ich habe dich gesucht." Aber wir haben uns nicht gefunden. Ich habe jetzt meine neue Wissenschaft XYZ über Divergenz und Inkonsistenz geschrieben. Sie spricht nur über negative Dinge: Widersprüchlichkeit zwischen Versprechen und Leistung, Lügen, Diebstahl und tausend andere solcher Dinge. Jetzt füge ich einen neuen Satz hinzu, dass es uns beide nichts gekostet hättet, uns zu treffen und nette Dinge zu tun, TROTZ XYZ, erst recht – ihr zu trotzen! Wir haben uns theoretisch mit dem Ziel getroffen, etwas Kreatives und Schöpferisches entstehen zu lassen, auch nur in einem imaginären Raum, aber mit dem Ziel, sich ins Reale zu bewegen. Diese Bewegung war ein Hobby von Prof. Wunsch an der TU Dresden. Es war eine Art Treffen mit Frau E. theoretischr Natur, imaginär, ist es aber nicht zu ignorieren!

Denn bekanntlich gibt es kreative und gescheiterte Dinge. Es gibt einen großen Unterschied zwischen ihnen. Aber reden wir nicht über das Schlechte, sondern nur über das Gute!

Ich gratuliere dem Leser zu seinem Mut und seiner Geduld zum Lesen meines Buches und wünsche ihm einen schönen Tag oder einen schönen Abend und alles Gute!

Eine Übersicht folgt! Worum geht es in diesem Buch?

Im Leben eines jeden Menschen kommen Tausende von Dingen vor, mit denen wir uns auseinandersetzen müssen. Es mag Hunderttausende geben, die wir ablehnen, die uns egal sind und die wir nicht für notwendig halten, aber einige Dinge sind auf den ersten Blick nicht wegzuwerfen. Ungefähr VIER Dinge kamen zu mir, die sich als produktiv herausstellten, ohne zu wissen, dass sie mir aufgezwungen würden und was sie waren.

Erstens – ich wusste nicht, was der echte Change war, obwohl ich 25 Jahre lang Ostgeld gegen Westgeld getauscht hatte, um zwischen 1961 und 1986 symbolisch „Radio“ zu kaufen. Ich habe es in 32 Sekunden herausgefunden.

Zweitens wusste ich nicht, was Leverage ist und ich wusste nicht, dass ich einen Umsatz haben muss und dass es dann erlaubt ist, manchmal explizit notwendig, manchmal sogar vorgeschrieben ist, Geld zu leihen. In 4 Jahren habe ich es herausgefunden, 1986-1990!

Drittens: Wie verdient man an der Börse Geld, wenn der Kurs fällt? Wenn Sie auf der Sekunde verkaufen, was Sie haben, und es zu dem bereits gefallenen Kurs gewinnbringender kaufen. Oder wenn Sie etwas verkaufen, das Sie nicht haben, aber geliehen hatten! Ich habe 10 Jahre gebraucht, um es fest zu lernen und zu üben! 1991-2001. Kein einziger Mensch, den ich kenne, kann diesen einfachen Inhalt von sich aus erklären - als eigenes Werk –

erfinden, mitteilen. Es ist unvergleichlich schlimmer, dass er ihn nicht verstehen, geschweige denn bewusst wiederholen und üben will. Diese Inhalte sollten für jeden einfachen Mann zugänglich sein, nicht nur für Studenten.

Viertens – der Fall vom 22.2.1990 ist ein Termingeschäft, d.h. Option und besteht aus vier Zügen:

- Westgeld wird geliehen.
- Es wird in Ostgeld umgetauscht.
- Es wird der Umsatz, gesucht, der nicht nur 10% beträgt, wie bisher immer, sondern die angekündigte und im Fernsehen berichteten 250% für vier Monate, was 600% p.a. Jahreszins entspricht. Obwohl theoretisch und fiktiv in eine einjährige Zukunft projiziert, denn das Geld bleibt bei all diesen Prozentzahlen nicht ein Jahr in einer Bank, sondern „nur“ vier Monate, danach wird es von dieser abgehoben.
- Das Ostgeld wird (ab 1.3. 1990) auf ein Bankkonto eingezahlt und per Gesetz am 1.7.90 von Ostgeld in DM umgetauscht! – Ich habe 7 Tage gebraucht, um darauf zu kommen und 32 Jahre, um es neu zu definieren, aber jetzt kann ich es noch einmal genau so schreiben, wie es ist: 22.2.1990 – 12.2.2022.

Dies ist nur ein Beispiel dafür, wie ein Mensch mit etwas notwendig gewordenem umgehen kann, weil es keine andere Chance gibt. Ich musste diese Dinge alleine herausfinden, niemand half mir. Der Punkt meines Buches ist, dass der Mensch auch alleine mit den Dingen fertig werden kann und sollte, die vor ihm liegen! Manchmal sind sie dem Menschen unbekannt und nicht alles wird in der Schule gelernt! So war es bei mir! Ich wünschte, es wird anders und einfacher für andere!

## Kapitel 6 - Falsche Beurteilung eines Admins

Um Ihre gute Laune, gute Voreinstellung und Neugier beim Lesen nicht schon am Anfang des Buches zu verderben, erzähle ich Ihnen hier ganz zum Schluss, was mir ein Administrator gesagt hat, als ich mein Buch auf einer Leserdiskussionsseite veröffentlichen wollte - ein Diskussions-Club, in dem ich keine einzige Diskussion auf der Website gesehen habe. Aber ich bekam eine Antwort:

Admin: - "Jeder ist frei, seine persönliche Kreativität zu teilen, aber nicht zu verlangen, dass sie gelesen wird. Was genau suchst du, wenn du deine Sachen postest? Feedback, Kritik, Meinung, Empfehlungen, Ratschläge, Bearbeitung? Sie wissen, dass das Lesen eines so langen Textes Zeit braucht. Und ein ungebetener Ratschlag. Wenn Sie Ihre Arbeit wirklich verbreiten möchten, gibt es bessere Möglichkeiten als "Möchten Sie, dass ich Ihnen eines meiner Bücher schicke". Aber was für ein Buch, worum geht es, wie heißt es, was ist das Genre, für wen ist es gedacht (welche Zielgruppe), was genau bezwecken Sie mit dem Buch – Feedback etc., suchen Sie einen Verleger oder was genau willst du mit dem Buch bezwecken? Es ist viel besser und wird viel mehr Menschen erreichen, wenn Sie so etwas wie eine Präsentation mit einer Anmerkung vorbereiten, zum Beispiel:

"Hallo, mein Name ist so und so, wie geht es dir, ich schreibe im Bereich Bezeichnung des übergeordneten Literatur-bereiches. Was bist du? Ich interessiere mich für das und das (ein paar Worte für dich als Schöpfer). Ich präsentiere Ihnen eine kurze inhaltlich Zusammenfassung des Buches, das in der Genre (Anmerkung des Genres) steht. Wenn Sie möchten, können Sie das gesamte Buch hier unter diesem Link lesen (Link einfügen)."

Verstehst du was ich meine?

Wenn der Text, den Sie "Buch" nennen, zufällig der ist, den Sie in Ihrem persönlichen Profil gepostet haben:

„FLÜCHTIGE ERINNERUNGEN" ist.

Des weiteren schreibt der Admin:

- „Inhalt

Einführung - Ein Blick auf drei Wissenschaften

Kapitel Eins - Wandel in den Achtzigern

Zweites Kapitel - Taxifahren mit Hebelwirkung

Kapitel Drei - Wie, warum und wo ich ein Haus gekauft habe Kapitel 4 – Andere Häuser von Menschen gekauft

Kapitel 5 – Terminhandel

Dies ist kein Buch, dies ist ein Text, den Sie geschrieben haben. Ich habe einige Teile davon in Ihrem Profil überprüft. Um daraus ein Buch zu machen, muss man ernsthaft an einigen Dingen arbeiten: Komposition und Struktur des Textes, Vermeidung von Wiederholungen, Stilistik, Wortschatz,

Ausdrucksmittel, Redaktion, Korrektur, und ich muss leider Grammatik und Rechtschreibung anmerken . Erst nachdem all diese Dinge gründlich durchgegangen sind, kann dieser Text in die Vorbereitung gehen, um ein Buch zu werden.

Stellen Sie sich eine weitere Frage: Wer würde daran interessiert sein, Ihre Memoiren zu lesen, und warum?

Ich hoffe, ich war hilfreich. Gesund sein!" Ende Admin.

Ich wandte mich an die Webseite des Leseklubs mit der Bitte um Hilfe, WIE und WELCHE Art von Link ich gemacht haben konnte und ich erhielt die Antwort "Setze den Link".

SEHR TYPISCH! Ich war gezwungen, ihm zu antworten:

- „Das haben Ihnen einige ihrer Lehrer beigebracht – wie man Leute abstößt, die etwas veröffentlichen oder verkaufen wollen! Dasselbe, was Sie sagen, wurde mir von Buchhändlern auf dem Slaveykov-Platz in Sofia gesagt, als ich ihnen anbot, mein gedrucktes Buch „Eine erstaunliche Geschichte“, das von einem bulgarischen Verlag herausgegeben wurde, zu verkaufen und einen Gewinn zu erzielen. Sie wollten sich mein Buch nicht ansehen. Ich selbst habe 200, zweihundert Exemplare meines Buches verkauft. Meine Memoiren werden allen Menschen sehr gute Dienste leisten, da sie die einfachsten und wichtigsten Dinge im Leben erklären – Handel, Finanzen und den Kauf eines Hauses. Sie sind wie eine Grundausbildung für Erstklässler, die dazu dienen wird, die Leute dazu zu bringen, sich auf die Stirn zu schlagen und zu sagen: „Wow, was für Dinge in der Welt vor sich gegangen sind und vor sich gehen und ich hatte ABSOLUT KEINE AHNUNG davon! Und es wäre schön, wenn ich es gewusst hätte!" Der Text meines Buches ist prägnant, lehrreich und manches wiederhole ich, damit man es besser verstehen kann, WEIL es die MENSCHEN wie Nahrung und Luft brauchen. In tausenden von Menschenbefragungen von 1986 bis 2022 fand ich heraus, dass Menschen das FALSCHE sagen, keine Ahnung haben und leere, weiße, unbeschriebene Seiten haben. Wenn Sie mein Buch Wort für Wort lesen, wie es für die einfachsten Menschen geschrieben ist, werden Sie sehen, dass jeder Satz wichtig, wahr, ein Grund die richtigen Dinge zu tun ist und so wertvoll wie Gold ist. In meinem Buch habe ich auch einen Weltrekord erwähnt, der auf absolut ehrliche Weise erreicht wurde und Sie möchten solche Dinge vor den Menschen verbergen. Wenn Sie selbst den INHALT nicht verstehen wollen, ignorieren Sie ihn, darauf hin können Sie das Buch nicht mögen. Ich kann zitieren und beweisen, dass die Äußerungen von Tausenden von Menschen zu meinem Thema völlige Dummheit und Idiotie sind, unter anderem von Hochschul-Absolventen und Bankiers, die die

Menschen täuschen und ihnen nicht die Wahrheit sagen können. Als jemand, der älter ist als Sie, gealtert, aber auf ehrliche Weise viel erreicht hat, rate ich Ihnen, mein Buch für Sie persönlich ernsthaft zu studieren und Sie werden feststellen, dass Sie nach langem Nachdenken über das Thema nirgendwo anders etwas Vergleichbares finden werden, der Inhalt ist fehlerfrei, richtig erklärt und vermittelt genau Dinge, die in KEINEM BUCH STEHEN, sie aber für Menschen absolut wichtig sind, wissenswert und geben eine grundlegende ORIENTIERUNG! Die anderen „Aktivisten" verheimlichen die Hälfte ihrer Taten oder treten als Kriminelle auf, wenn sie würden alles erwähnen können. Ich dagegen bin aufrichtig und ehrlich bis zum Schmerz!"- Ende meiner Antwort an Admin

Dieser Typ hörte nicht auf, sich mit mir anzulegen, er schrieb mir weiter, als ob er ein längeres Buch schreiben wollte als meines.

-„Angel Stamow, ich bezweifle nicht den Wert der in Ihrem Text präsentierten Fakten, lassen Sie uns das klarstellen. Ich habe die Art und Weise kommentiert, wie es hier im Internet präsentiert wurde.

Ich bin mir nicht sicher, auf welche Einfaltspinsel Sie sich beziehen, von denen Sie behaupten, "mich gelehrt zu haben, Leute wegzustoßen, die etwas posten oder verkaufen wollten". Lassen Sie uns klar sein - ich stoße Sie nicht weg, ich versuche Ihnen eine Anleitung zu geben, wie Sie Ihre Geschichte und Botschaften angemessener verbreiten und fördern können.“

"In meinem Buch habe ich auch einen Weltrekord erwähnt, der auf absolut ehrliche Weise erreicht wurde und Sie möchten solche Dinge vor den Menschen verbergen." - Nein, ich versuche nichts zu verbergen oder Ihnen zu schaden, ich wünsche Ihnen von Herzen viel Erfolg in diesem Bereich.

"Wenn Sie selbst INHALT nicht verstehen, können Sie das Buch nicht mögen." - Warum haben Sie entschieden, dass ich den Inhalt nicht verstehe? Ja, ich habe Ihren Text nicht gelesen, aber ich habe mir die Zeit genommen, einige Seiten durchzublättern, um eine Vorstellung davon zu bekommen, dass es sich um eine Mischung aus persönlichen Lebenserfahrungen, Zusammenstößen mit dem System, finanziellen Schwierigkeiten, Bilanzen, Schlussfolgerungen aus allem usw. handelt. Verzeihen Sie, dass ich das so locker zusammenfasse, wie gesagt, ich habe den Text nicht im Detail gelesen, aber es ist nicht das, wovon ich spreche. Ich schätze Ihre Bereitschaft, Ihre Erfahrungen mit diesen Dingen zu teilen, aber ich versuche Ihnen zu sagen, dass das, was Sie als Buch präsentieren, zuallererst die Länge einer durchschnittlich langen Geschichte hat. Zweitens sage ich noch einmal, versuchen Sie, diesen Text zu glätten, weil er in dieser Form kein Interesse wecken wird (in meinem vorherigen langen

Kommentar habe ich versucht, Sie auf die Dinge hinzuweisen, auf die es gut ist, darauf zu achten)“. Ende der Rede vom Admin.

Das Wort "Mischung" dient dazu, mein Buch herabzusetzen.

Warum will dieser Admin mich klein machen, sagt aber, er will mir helfen?

Ich habe festgestellt, dass mein Text "nicht das ist, wovon er spricht!"? Und wie wird das passieren? Ist der Text von mir? Es wird deutlich, dass der Text im Buch von mir stammt und nicht vom Admin? Es ist nicht das, was er will! Was, wenn ich keine solche Texte wie SEINE haben will?

"Finanzielle Schwierigkeiten", ich hatte finanziellen ERFOLG und für diese Person waren es nichts als Schwierigkeiten und Widrigkeiten?!

Mein Vormund sagt: - "Um eine Vorstellung davon zu bekommen, dass es sich um eine Mischung aus persönlichen Lebenserfahrungen handelt".

Was sonst? – wenn nicht PERSÖNLICH! Memoiren sind immer persönliche Erfahrungen. Sollen es aber, nach Meinung des Admins, Erfahrungen von faulen Menschen und Großmütter aus einem Pflegeheim sein? Sollten es nicht meine "LEBENSerfahrungen" sein, sondern Fantasien und Fiktionen aus der anderen Welt? Der Admin hat nicht in sozialistischen Zeiten gelebt, er ist blind und weiß nichts und kann nicht einschätzen, wie gut ich mittels INTELLIGENZ UND ARBEIT alles bewältigt habe und ich bin ein Beispiel dafür, dass die Menschen es auch bewältigen können, weil ich sehe dass sehr viele Leute jammern, aber dadurch wird es nicht besser für sie. Meine erfolgreiche Problembewältigung hat er als Problem verstanden! JETZT WEISS ICH, WAS LEUTE VON MEINEM BUCH VERSTEHEN! Danke schön! Gut gemacht!

NOCH EINMAL, UM MICH ZU WIEDERHOLEN: Ich habe LAUT ADMIN, nicht die Probleme genannt und beseitigt! Nein! Ich habe sie erst Recht erschaffen!

Ich gebe zu, ich fühlte mich beleidigt. Der Admin gab mir Anlass, dass ich über mich selbst nachdachte, ich bin eine „Mischung“ aus Diplom-Ingenieur, Konstrukteur eines Modems für Datenfernübertragung, Übersetzer, Taxifahrer, Geldwechsler, die die edelsten Berufe meines Lebens waren. Außerdem war ich 4 Jahre lang Sportler, 1955 - 1958, Teilnehmer an den FINALLÄUFEN der REPUBLIK-MEISTERSCHAFT im Schwimmen in zwei Disziplinen, 100 und 200 m Brustschwimmen, 4 mal Wasserballtornieren, 200 m Hürden, 4 x 400 m Mannschaftsstaffel in der Leichtathletik, Stadtmeisterschaft für Basketball in Sofia, als Kapitän der 2.Mannschaft - "Lokomotiv" Sofia, Mai 1958.

1963-64 spielte ich Rock und Jazz in einer Rockband usw. usf., Funker bei der bulgarischen Armee.

Ich erstickte fast vor Lachen, drehte mich um und kämpfte darum, mich wiederzubeleben. Ich habe schon lange nicht mehr so gelacht, gut gemacht für ihn! Nirgendwo in meinem Buch habe ich erwähnt, dass ich ein Problem und Zusammenstöße mit dem System hatte, nicht einmal vor der Wende – nicht zuletzt habe ich sogar Opernkarten während der Zeit des Sozialismus verkauft!

3 Jahre lang war ich Sprachlehrer für deutsche Touristen auf Bulgarisch und für bulgarische und deutsche Kinder auf Deutsch, ich übersetzte tausende Seiten Fachliteratur und war Übersetzer für dutzende Delegationen, darunter im Frühjahr 1965 für den stellvertretenden Energieminister, zuständig für "Maritsa Ost" und 1988 für das einheitliche System von Maschinen für die elektronische Datenverarbeitung, das allgemein in einem Dutzend östlicher Länder verwendet wurde - ESER.

Nach der Wende musste ich hundertmal in einem Gespräch sagen, dass ich mit EINZELNEN Menschen aller Art Probleme habe, aber nicht mit dem System! In vielen Gesprächen ging es darum, wie wir in der entstandenen und uns übergestülpten kapitalistischen Gesellschaft zurechtkommen.

Dieses Buch von mir ist also kein Buch! Was ist es? Nun, es ist ein Bericht, eine Reportage, eine Mitteilung, ein Abstrakt, eine Studie, ein

Memoirenstück, ein Essay, eine Monografie, ein Lesestoff, ein Roman, ein Anti-Buch.

Liebe Leserinnen und Leser, treffen Sie Ihre Wahl. Etwas, das dir gefällt und dich glücklich macht! Ich will mich nicht mit dir anlegen, ich mag es im Allgemeinen nicht, mich mit den Urteilen anderer Leute anzulegen. Und ich? Ich werde darauf warten, dass sie mich vor Gericht rufen, mich durchsuchen, durchstöbern - um zu antworten, warum habe ich zu einem Anti-Buch gesagt – es wäre ein Buch? Manchmal macht man einen Fehler. Ich bin keine Ausnahme. So geht das im Leben. Ein Mensch kann nicht alle seine Ziele erreichen und erfüllen, die er sich gesetzt hat. Ich wollte hier Wahrheiten und Inhalte vermitteln. Aber die erste Person, die mein Buch kennengelernt hat, hat nichts davon verstanden. Daran bin ich schuld. Ich mache nicht nur einen Fehler, sondern mache mich auch schuldig.

Einige werden sagen, dass ich vielleicht alles bin, aber kein Schriftsteller. Die haben recht! Ich möchte nicht in der Position eines Schriftsteller sein, wenn ich gewissenhaft genau den Inhalt angegeben habe, das, was wichtig ist. Ich möchte nicht, dass mein Text Korrektur gelesen, bearbeitet und gedruckt wird, nachdem ich weiß, dass ihn niemand kaufen wird, weil die Leute sich nicht für diesen Inhalt interessieren, auch wenn er besser geschrieben ist. Ich glaube nicht, dass jemand meinen Text korrigieren wird, ich habe Angst, dass sie ihn beschmutzen und verstümmeln werden. Der Admin legt Wert auf die Form, es muss dem Inhalt entsprechen, für mich ist das nicht so wichtig.

Form und Inhalt gehören zusammen. Gießen wir Wasser in ein Gefäß, dann passt es sich der Form dieses Gefäßes an. Jeder Inhalt wiederum verlangt eine bestimmte Form. Der Versuch, Wasser im Sieb zu tragen, wird scheitern. Inhalt

und Form bedingen und beeinflussen einander. Für den modernen Schulbetrieb gewinnt diese philosophische Grundwahrheit zunehmend an Bedeutung. In demselben Maße, wie schriftliche Schülerarbeiten eine beinah perfekte äußere Form annehmen, verlieren Inhalte an Substanz.

Umgekehrt scheint es, als ob immer weniger Wert gelegt wird auf die korrekte, schriftsprachliche Norm. Dies ist paradox: hier die glänzende Fassade, hinter der sich nichts oder nur wenig verbirgt; da die Vernachlässigung der gediegenen

Handwerklichkeit in bezug auf grundlegende Kulturtechniken.

Da Watzlavick in der Kommunikation großen Wert auf die Beziehungen und Umgangsformen zwischen Menschen sowie auf die Abhängigkeiten zwischen ihnen legt – er sagt ausdrücklich, dass der Inhalt nicht wichtig ist, kann ich die abgeleitete

Schlussfolgerung ziehen, die er sagen würde – die Form ist es viel wichtiger als der Inhalt!

Die Form dient den Menschen zum Spaß, zur Unterhaltung und Erholung, für Schönheit der schöngeistigen Literatur, wenn Sie wollen. Inhalte sind für Menschen da, um etwas zu lernen. Wenn Menschen lernfaul sind, suchen sie das Einfache! Daher ist für Redakteure und Admins das Format viel wichtiger. Dadurch ist der Verkauf für sie, viel einfacher. Wenn es mir viel wichtiger ist, das Wasser von hier nach dort zu tragen, ist es mir egal, wie ich es serviere und in welcher Form ich es trage - in einem dicken Damajana (Glasballon), einer Flasche, einem Eimer oder in einem ehemaligem Käsebehältnis aus Blech. Ich verstehe, dass mein Geschirr gespült und sauber sein muss! Natürlich werde ich kein Wasser in einem Sieb tragen. Das Wasser brauchen die Menschen wie auch die saubere Luft. Aber die Luft hat keine Form! Ich werde nicht staunen, wenn einige Admins die Luft formatieren würden wollen.

In der Kunsthalle Dresden Mitte gibt es eine Ankündigung "Kunst kommt vom Kunst kaufen!" – Kunst entsteht durch Kunstkauf! Kunst ist eines der schönsten Dinge der Welt, aber nur wenige Menschen kaufen Gemälde. Nicht nur dass ich kein Schriftsteller bin – ich bin auch kein Künstler – ich werde nicht in der Lage sein, meinen Lebensunterhalt mit diesen beiden Dingen zu verdienen!

Literatur und Kunst! Und um ein Schauspieler zu sein, muss dich jemand mögen, dich einstellen und dich bezahlen. Mich betrifft es nicht! Aber ich habe das Recht auf freie Meinungsäußerung!

Ich gebe den Text kostenlos an eine Webseite weiter, vielleicht kann ihn eine gewissenhafte Person lesen. Der amerikanische Schriftsteller Jerome David Salinger sagt in seinem Buch Frannie und Zoe, dass Frannie als Künstler im Theater sein Bestes geben wird, wenn er nur weiß, dass mindestens ein Zuschauer von Hunderten Theaterbesuchern wirklich an der Arbeit des Künstlers interessiert ist. Andere erwarten Sensationen. Ich suche den Mann, der die Fakten im Text versteht, die Tatsachen, der neue und neue Fakten von sich aus entdeckt und findet, einer von allen, mit einer Laterne in der Hand am helllichten Tag, suche ich ihn.

Ich bin ein Diogenes.

## Kapitel 7 - Nachwort

Für dieses Manuskript erhielt ich eine andere Rezension, die sich als so dumm herausstellte, dass ich mich für den Autor schäme, der es mir geschrieben hat, ein echter Aphorismenschreiber, er ist aus Shumen. Ich habe darüber nachgedacht, es wie bei der ersten Rezension mit dem Buch zu kombinieren, habe mich aber dagegen entschieden. Es gibt alle Arten von Lesern und ich wäre nicht überrascht, wenn ein gelegentlicher Leser dem Rezensenten mehr Aufmerksamkeit schenken würde als dem Autor. In diesem Fall würde ich mich an irgendeiner Art von Untreue, Betrug und falscher Darstellung und falschem und schlechtem Menschenverstand und schlechtem Geschmack mitschuldig fühlen – dem kann ich nicht zustimmen. Der Rezensent ist blind, taub und hohl im Kopf! Dann sollte er auch stumm sein, damit er seine dummen Urteile nicht verbreiten kann, mich demütigen will! Er sah sich mein Manuskript an und hielt es für eine Art Aphorismus. Um es überzeugender zu machen, riet er mir, die beiden Links, die er für mein Thema gefunden hatte, zu verwenden – einen zum Leverageeffekt und einen zum Terminhandel. Gewiss wollte er mich verärgern, indem er mir, nach seiner Meinung, BESSERE Darstellungen als meine eigene entgegensetzte. Zu diesen beiden Themen gibt es tausende von Links im Internet, er hat diejenigen ausgewählt, die im Optionsscheinhandel verwendet werden und für den Leser, der sich mit diesen Themen nicht auskennt, unverständlich sind. Der Rezensent wollte mir beweisen, dass der Internet schlauer ist als ich! Bravo! Der Rezensent hat nicht verstanden, dass ich in meiner Lektüre Informationen darüber gebe, wie ICH selbst auf diese beiden Konzepte gekommen bin, ohne dass mir jemand ein Wort darüber gesagt hat. Konzepte, die für Millionen von Menschen unverständlich sind! Ich habe sie selbst definiert, ich habe sie benutzt, ich hatte damit Erfolg und ich halte es für notwendig, dem Leser gute Informationen darüber zu geben. Das ist meinem neuen Rezensenten entgangen! Ich habe meine Darstellung aus eigener Kraft gewonnen, warum sonst sollte ich mich mit den beiden Begriffen - Phänomene und Erscheinungen aus der Finanzwelt - durch lesen im Internet vertraut machen, nachdem er sieht, dass ich sie für mich entdeckt und verstanden habe? Damals gab es kein Internet! Das ist das Wichtigste - meine eigene Erfahrung zu vermitteln und nicht von einem Link aus dem Internet zu kopieren!

Der tollste Satz der Welt – das Statement des kleinen jungen Mannes, abends um 22 Uhr bei einem Bierchen vor dem Café Hombre – steht nirgendwo, in keiner Botschaft der ganzen Welt. Der Mann sagte: "Sie wurden überredet, es zu tun!" Ich persönlich und ABSOLUT KEINE ANDERE Person habe 30 Jahre darauf gewartet, es von irgendwoher zu hören und niemand außer mir hat tausende zufälliger Personen und Bankfachleute, Studenten angehende Börsianer und andere befragt, um herauszufinden, ob JEMAND Leverage Effekt angewendet hat - aus den vielen Millionen und Milliarden Anwendungsfällen! Die Erklärung und Bedeutung der Aktion ist sehr einfach, so etwas wie eins und eins ist zwei, aber die Aktion wird hier benannt und ist grundlegend wichtig, um sie von anderen Aktionen zu unterscheiden.

Durch die Teilnahme des Admins, dessen Bemerkungen ein Teil meines Buches wurden und durch meine Antwort über die Beschwerden des Mannes aus Shumen, hat der Wert meines Buches sich verdoppelt. Ohne diese fruchtbringende Teilnahme der beiden, wäre mein Buch, nur ein Buch gewesen. Durch die Auseinandersetzung mit den Beiden ist es zum Chedevre, Shootingstar und Bestseller geworden, es wurde dem Buch zum glänzenden Erfolg verholfen. Ohne Verschmähung! Spaß muss schon sein!

Auf dem Punkt gebracht! In meinem Buch geht es, schlicht und ergreifend „nur“ darum, was ist richtig und was ist falsch?! Das haben meine beide Rezensenten NICHT verstanden – von allen anderen Lesern, am allerwenigsten!

Der Admin ignoriert die Wahrheiten in meinem Buch und verwandelt offensichtliche Erfolge wie

Change, Taxifahren, Erfolg mit Leverage und Haus kaufen in MISERFOLGE:

1.Er spricht von „irgendeine Mischung - някаква смесица“. Er will meine Leistung nicht anerkennen, sondern vermischen!

2.BESCHWEHRT SICH über „meine persönliche Erfahrungen - от лични житейски преживявания“, laut Admin darf ich in meinen Memoiren NICHT PERSÖNLICH BERICHTEN, gar nicht.

3.Er spricht von „Zusammenstößen mit dem System - сблъсъци със системата“, die ich gar nicht hatte.

4.Er sieht „finanzielle Schwierigkeiten-финансови премеждия” Ich hatte aber nur finanzielle Erfolge gehabt.

5.Er zieht in den Dreck meine „Abschlüsse und Schlussfolgerungen - изводи и равносметки от всичко това и т.н.“, ich darf laut ihn nicht schlussfolgern und keine Bilanz ziehen – mitnichten!

Für mich wird hier das dritte philosophische Gesetzt von Karl Marx präsent, von dem ich in der Einleitung des Buches gesprochen habe. Negation der Negation. Der Admin negiert die Verdienste des Buches. Es ist eine Negation, es entsteht eine Kritik. Ich schaffe es seine Kritik zu widerlegen, ich mache aus seiner Not eine Tugend. Ich negiere seine Negation durch meine Negation. Ich sage nicht, dass die Philosophie von Karl Marx heute Gültigkeit hat, sondern mache nur eine Darstellung eines von ihm geschriebenen Gesetzes. Ich besetze sein Gesetzt durch Beispiele, inhaltlich!

Manches habe ich bewusst wiederholt - so hätte man es besser verstanden. Ich bin jedoch überzeugt, dass die folgenden Sätze nicht von jemandem, der durch mich, durch eigene Schlussfolgerungen oder aus dem Internet an die Themen herangeführt wurde, in einem Zug schreiben kann. Ich finde es gut, sie nicht nur zu wiederholen, sondern auch noch zum dritten Mal aussprechen und aufschreiben!

Leverage ist Kreditfinanzierung für Umsätze.

Erstens. Angewendet bis zum 22.02.1990 bringt es IMMER einen Gewinn beim Geld umtauschen, wenn man Ostgeld am Anfang leiht, dh. beim Kauf von Westgeld.

Zweitens. Wenn der Geldwechsler genug Ostgeld hat, braucht er KEIN Leverageeffekt, der Gewinn ist dergleiche, wenn der Umsatz nicht unbegrenzt ist.

Drittens. Wenn er sich Westgeld leiht, gewinnt der Geldwechsler nichts – ein Nullergebnis.

Viertens. Wenn er Westgeld borgte, es sofort benutzte und darauf wartete, dass Zeit verging (z. B. Monate und Jahre), verlor der Geldwechsler Geld, denn um das Westgeld Darlehen zurückzuzahlen, musste er entsprechend der Wechselkursänderung (1:4, 1:5, 1:6 usw.) viel mehr Ostgeld verwenden.

In sozialistischen Zeiten ist es gut, wenn Sie bis zum 22.02.1990, aber nicht später, GESPARRTES Westgeld haben – es steigt im Laufe der Zeit bis zu DIESEM DATUM an Wert, ohne dass der Besitzer hier etwas extra tun muss. ES IST DAS GLEICHE, als ob sie ein Haus BESITZEN. Verschulden mit Westgeld ist keine gute Sache, der Wertumfang der Schulden steigt im Laufe der Zeit, ohne dass Sie etwas tun müssen. DAS GEGENTEIL DAVON ist es – Sie haben einen Vorteil aus einer Geldschuld in einer inflationären Währung. So wurden in den Jahren 1990-1997 viele Menschen in Bulgarien reich, sie wurden s.g. Oligarchen. Diese wollen sich aber nicht in einem Buch erklären, ähnlich wie ich.

Fünftens. Wenn der Geldwechsler nach dem 22.2.1990 Ostgeld leiht, verdient er nichts - Ergebnis Null.

Sechstens. Wenn der Geldwechsler das geliehene Ostgeld behält, VERLIERT er viel, weil das Ostgeld NACH DIESEM DATUM stark an Wert gewinnt und um es zurückzuzahlen, muss er bis zum Zweieinhalbfachen des Wertes des geliehenen Geldes abgeben.

(Beispiel: Geliehene 1.000 Ostmark haben am 22.02.1990 einen Wert von 200 Westmark. Um die geliehenen 1.000 Ostmark bis zum 01.07.1990 zurückzugeben, muss er aus seiner Tasche bis zu

500 Westmark zurückgeben. – statt 200 Westmark, die er sich geliehen hat. Die geliehenen 1000 Ostmark kann er nirgendwo finden, um sie gewinnbringend oder normal zurückzugeben - er muss die Schulden in Westgeld zurückzahlen. Findet er noch Ostgeld – wird es trotzdem bis zu zweieinhalb Mal teurer.)

Siebtens. Wenn sich der Geldwechsler nach dem 22.02.1990 Westgeld leiht, GEWINNT er bis zu zweieinhalb Mal so viel. Beispiel: Die 5.000 geliehenen Westmark belaufen sich am 22.2.1990 auf 25.000 Ostmark und sind am 1.7.1990 12.500 Westmark wert. Der Nettogewinn beträgt 7.500 Westmark, nachdem die geliehenen 5.000 an die Bank oder denjenigen, der sie verliehen hat, zurückgegeben wurden.

Achtens. Neben dem traditionellen Handel mit günstig gekaufter Ware, einem Grundstück, einer Immobilie, einer Aktie etc. wo ein höherer Preis bzw. ein GEWINN erzielt wird, gibt es also auch die Anwendung von Leverage- Effekt, bei denen Geld geliehen wird. Es gibt außerdem noch MEHR - das Vermieten eines Objekts, (oder Leasing) ohne Anwendung von Leverage.

Die letzten beiden Effekte können wechselseitig betrachtet werden, um ETWAS zu erklären, was in der Weltliteratur nicht zusammen erwähnt und gegenseitig verglichen und geklärt wird. Das Vermieten einer Immobilie sollte (von mir) als

PERMANENTE GELDQUELLE bezeichnet werden. Hier ist Gewinn zweitrangig - ursprünglich handelt es sich hier generell um die Erschaffung EINER QUELLE – und um die ständige Aneignung der Werte, die daraus entstehen.

Eine Geldquelle wurde geschaffen! Es gibt keinen größeren Effekt als die Quelle! Ich gebe gleich ein Beispiel, um zu verdeutlichen, worum es geht. Ein Eigentümer eines Teils eines Grundstücks, eines Teils eines Hofes, in der Stadt Kiten verkauft es im Herbst 2020 zusammen mit einem Teil des Zauns für 60.000 Euro - 550 m² x 100 Euro pro 1 m² plus Zaun für 5.000 Euro. (Es kann nicht nur ein Teil sein, sondern ein ganzer Hof). Der Verkauf hier widerspricht dem Verständnis der Juden, welches besagt: „Eigentum darf niemals verkauft werden." Aber dann kann es keine QUELLE werden! Der Mann aus Kiten kauft eine Wohnung in Sofia im Bezirk Gorna Banya und vermietet sie für 500 BGN pro Monat, - die Immobilie in Kiten kann an niemanden vermietet werden. Es wurde also nichts verkauft, sondern nur gegeneinander getauscht! (Falls die Wohnung auf Kredit gekauft wurde – klassischer Leverageeffekt, die Miete geht an die Bank, um Kapital und Zinsen zurückzuzahlen).

Hier hat der Wohnungseigentümer jedoch eine PERMANENTE GELDQUELLE, die in seine Tasche fließt, er kann sie essen und nutzen. DESHALB BLEIBT DIE WOHNUNG IMMER

SEIN PERSÖNLICHES EIGENTUM, sie bricht nicht ein oder verliert an Wert! 500 BGN Monatsmiete x 12 Monate macht 6.000 BGN pro Jahr oder 3.000 Euro. 3.000 Euro über 20 Jahre macht 60.000 Euro, das entspricht der Summe, die für das Grundstück in Kiten eingenommen wurde.

Wenn der Eigentümer das Geld sammelt und es nicht verwendet – nach 20 Jahren wird ein WEITERER NEUER Wert geschaffen, der dem Wert der Wohnung entspricht – es findet eine Verdopplung statt, während es im Falle einer Hebelwirkung mit Leverage nach 25 Jahren nur die SCHÖPFUNG eines Wertes (Eigentums) von statten geht. Wenn die Wohnung in Gorna Banya weiter vermietet wird, wird sie zu einem TRIPLING - Verdreifachung und dieser mit Leverage neu geschaffene, bereits angeeignete, bekommt nach 50 Jahren eine VERDOPPELUNG seines Wertes ohne dass der Eigentümer dafür einen einzigen penny ausgegeben hat! Usw.! Mögen Enkel und Erben daran glauben!

Neben Gewinn, Leverage und Geldquelle gibt es auch das Wort INVESTMENT, aber wenn das Grundstück in Kiten nicht verkauft wird, wie könnte es dazu kommen? Es gibt auch andere zusätzliche Wege, die hier außer acht gelassen werden.

Der Name Leverage wird in der Literatur erklärt, er hat auch seinen NAMEN und die QUELLE ist der Name eines Phänomens, das es seit Tausenden von Jahren in der menschlichen Praxis gibt, das Milliarden Mal praktiziert wird, aber sein Name "Vermietung" ist eigentlich mehr irreführend als klärend. Ich wiederhole, dies ist eine GELDQUELLE! Dies muss von allen Menschen verstanden werden! Von den meisten soll es realisiert werden und nicht nur von großen Konzernen wie „Vonovia", Leasingfirmen u.ä.

Die Begriffe Erbschaft, Schenkung, Lottogewinn werden hier nicht behandelt. Mein Buch besteht aus einer Reihe von Ereignissen, die in meinem Leben aufgetreten sind, Problemen und Verpflichtungen, die in anderen veröffentlichten Büchern nicht behandelt und beschrieben werden. Die Aufgaben, ohne deren Lösung es unmöglich war, gut zu leben, sind erledigt. Diese Aufgaben gilt es zu stellen und dementsprechend gut und zufriedenstellend zu lösen – sowohl die guten Antworten als auch die richtigen Urteile werden gefunden. Nirgendwo sonst wird in der Literatur über solche Dinge berichtet. Die Literatur hat nicht die Aufgabe, solche und ähnlichen Aufgaben zu erfinden, geschweige denn sie zu lösen.

Wenn die Literatur das nicht tut, dann machen die Menschen eine glorreiche Geschichte zu einem Misserfolg. Schau in XYZ.

In meinem Buch habe ich aus den untersuchten Phänomenen Ergebnisse zusammengetragen,

Lösungen gegeben, Sätze und Schlussfolgerungen, die in ihrer Qualität von anderen echten Schriftstellern nicht gemacht wurden. Genau deshalb bin ich kein richtiger Schriftsteller, sondern nur ein Chronist und Geschichtenerzähler! In Anzahl und Quantität der Ergebnisse würden andere Autoren, wenn sie meine Aussagen hinkriegen sollten, würde das in einen Band von 1000 Seiten passen. Hier sind sie auf 100 Seiten prägnant, wiederholt, sauber und umfassend platziert.

Dieses Buch endet nicht und wird auch nicht enden! Die Erinnerungen sind endlos! Ich gehe in ein Gedicht hinein und komme heraus - bereichert durch etablierte, bestätigte, erhärtete und geteilte Inhalte in angemessenen Umständen und Rubriken!

SELBSTANALYSE

Ich lebe der Situation entsprechend ehrlich,
sowohl in der Arbeit als auch in der Liebe,
mit einer Dosis sozialer Allgegenwart,
was mit Wahnsinn verglichen wird.
Das bedeutet keineswegs unvernünftig:
so kam es, so tat ich es mit Ehre,
Ich gieße meine Worte nicht vorschnell,
ich messe sie nicht als gute Nachrichten,
sondern als Akt klarer Gerechtigkeit.
Aber Gerechtigkeit tut weh.
Als ich die Berge Niedrigkeit wegschob,
Jahre vergehen. Ohne Tränen

weiter im Leben fahre ich fort.
Ich war ein Krieger in einer zivilen Welt.
Das bereue ich überhaupt nicht.
Der spirituelle Mensch ist der Reichste!
Schließlich fegte Gott den Bösewicht hinweg
und die begleitenden Motten.
Eröffnete den Raum frei, in dem ich leben kann
Und bei tapferen Menschen zu bleiben!
27. August 2022, Sofia, Rositsa KOPUKOVA

Rositsas rastloser Geist taucht auf und erreicht Ruhe und Bestätigung! Dementsprechend möchte ich auch antreten und folgendes zitieren:

SCHWIMMEN BIS ZUM ENDE

Ich lebte, rannte, flog und bin geschwommen.
Ich habe es mit Verstand und harter Arbeit geschafft, mich zu verwirklichen.
Ich habe alles erreicht, was ich wollte, habe keine verrückte Sachen gemocht.
Ich habe den anderen mehr gegeben als das!
So tobte ich auf meinem irdischen Weg,
Und wissend, dass alles ein Ende hat,
Ich unterbreche alles unwillkürlich, ich war wach,
Das Irdische verlassend, gehe ich in ein himmlisches Paradies!
Warum sollte ich mich noch zeigen und beweisen müssen?
Nun, ich habe ein klares und verfügbares Ergebnis!

In Eigentum und Buch enthalten, bin ich ausgeführt.

Die Nachkommen, die Verwandten – sie nutzen eine Gnade!“

Angel Stamow, 10.10.2021

Ich hatte ein Gespräch mit meiner Schwester, ihrem Sohn und ihrer Enkelin, 18 Jahre alt. Der Sohn sagte etwas präzises, Wahres und auf den Punkt genau. Ich sagte, dass er Gold spricht und rief meine Schwester an, nachdem ich erwartet hatte, dass sie es bestätigte – dass ihr Sohn etwas Gutes gesagt hatte. Sie findet, es sollte nicht bestätigt werden und mein Ausdruck über Gold ärgert sie und sie duldet es nicht. Die Enkelin sagte, dass es in der Kommunikation wichtig sei, dass alle zu Wort kommen, aber es sei nicht wichtig, dass etwas wertgeschätzt und bestätigt werde. Es hat sich herausgestellt, dass ich bewerte und sage, was gut ist und wenn nötig, kann ich sagen, dass etwas nicht gut, falsch usw. ist. Dies wurde von meiner Schwester und ihrer Enkelin nicht akzeptiert und ihr Sohn schwieg.

Ich erinnere mich, dass vor 60 Jahren im Philosophie-unterricht und in anderen Gesprächen betont wurde, dass die Menschen eine offene Beziehung zu den Dingen im Leben, in der Politik und in allen anderen Bereiche nehmen sollten. Farbe bekennen ist einerlei, aber es gilt sich auf einer bestimmten SEITE zu positionieren, Partei zu ergreifen, nicht unpolitisch, gleichgültig und schweigsam zu sein, nicht glatt zu sein - auf Deutsch heißt es "aalglatt", sondern zu sagen, was gut und was schlecht ist. Wolf Biermann sagte früher "so oder so?". Meiner Schwester und ihrer Enkelin macht es nichts aus, etwas zu hören, aber sie wollen nicht sagen, ob es gut oder schlecht ist! Geschweige denn hervorheben. Wie können sie sich also positionieren? Sie wollen sich nicht positionieren, sie wollen keine SEITE ergreifen! Alles was sie von mir hören wäre meine Meinung, sagen sie und ich sage, dass es nicht meine ist, sondern die der menschlichen Praxis! Sie beurteilt, was gut und was schlecht ist, insbesondere was ein Plus und was ein Minus ist. Es gibt Wahrheiten, denen jeder zustimmen kann und sie von Lügen unterscheiden kann. Hier geht es nicht um abstrakte Konzepte und Verschwörungstheorien, wo über Dinge gestritten werden kann – ob sie so sind oder nicht. Wir sprechen hier vor allem von etablierten Konzepten ohne deren Bejahung kein Leben möglich ist. Wie kann man nicht zwischen den Begriffen Plus und Minus unterscheiden? Meine Schwester und ihre Enkelin können nicht anders, als den Unterschied spüren. Warum wollen sie diesen Unterschied nicht ansprechen?

Ich will es gar nicht wissen. Das ist ihre Sache. Allerdings sehe ich den Unterschied! Und außerdem sage ich es. Ich glaube zutiefst, dass meine Antwort richtig ist, wie es in einer Universitätsprüfung der Fall ist. Wer dem Gesagten nicht zustimmen will, verliert viel! Er, der Verlierer, entschuldigt sich, weil das, was gesagt wurde, von MIR PERSÖNLICH kam. Er kann und wird kein Urteil darüber fällen, dass das Gesagte nicht von mir stammt, sondern eine Antwort an den Professor auf eine logische Gesamtprüfung eines gewissenhaften, gelehrten, wissenschaftlichen und erfolgreichen Studenten ist. Bei der Prüfung darf man nicht nur zuhören und wenn man sie bestehen will, muss man etwas sagen! Man muss wenigstens dem zustimmen, was der Professor erläutert! Dann bewertet der Professor, je nach Human Practices, was Sie gesagt haben und vergibt Ihnen die Prüfungsnote, er bewertet sie.

Das Leben ist schön, aber es ist teuer. Es könnte billiger sein, aber dann ist es nicht so schön! Ergebnis: Man muss genügend Zahlungsmittel aufladen! Und außerdem muss man auch intelligent sein!

Als Trader möchten Sie den optimal größten Gewinn erzielen, die PARABOLA-Regel anwenden! Dies ist die wichtigste und einfachste Regel im Handel, aber kein Kaufmann kennt sie und wendet sie daher nicht an, außer den großen Einzelhandelsketten, die mit dem Computer auf der Parabelkurve bestimmen, wie hoch der Preis einer bestimmten Ware sein wird, wenn sie die

Käuferzahl ermittelt haben, die die Ware zu diesem bestimmten Preis gekauft haben. Die Anzahl der Käufer ändert sich in Abhängigkeit vom Preis, welchen der Händler selbst bestimmt! Steigt der Preis, sinkt die Zahl der Käufer, - sinkt der Preis, steigt sie. Die großen Ketten testen ständig – der gleitende Preis multipliziert mit der entsprechenden variablen Käuferzahl ergibt den UMSATZ.

Wir suchen den Preis des Produkts, bei dem der Umsatz am größten ist, damit der Gewinn am größten ist. Dieser Gewinn ist nie am größten bei den hohen Preisen! Beim höchsten Preis ist die Anzahl der Käufer sehr gering, so dass Umsatz und Gewinn gering sind. Beim niedrigsten Verkaufspreis - der etwas über dem Preis liegt, zu dem der Händler die Ware kauft - ist der Gewinn ebenfalls sehr gering, obwohl die Anzahl der Käufer am größten ist. Hier ist die Differenz, für wieviel der Händler die Ware erworben hat und für wieviel es verkauft wird (von mir mit den Namen Delta genannt) ist sehr klein. Das Produkt von Delta multipliziert mit der großen Anzahl von Käufern, d.h. der Umsatz ist relativ klein, in Geld gerechnet, und nicht nach dem Volumen der verkauften Ware, das zwar sehr groß sein kann, aber in diesem Fall nicht zum optimal größten Gewinn führt!

Dies ist eine einfache Arithmetik, obwohl die Parabel, entlang der der Gewinn verläuft, im

Bereich der Algebra liegt! Die Leute wissen es nicht!

Während meines Aufenthalts in Pomorie, in Begleitung der Tochter meines Cousins, gab es eine Frau, etwa 70 Jahre alt, die ich nach der Parabel im Handel fragte, aber sie kannte sie nicht. Die Frau war von Beruf Mathematikerin, sie war Gymnasial- und Universitätslehrerin, eine der besten in Bulgarien, und wurde in den achtziger Jahren des letzten Jahrhunderts im Rahmen eines UNESCO-Programms nach Marokko geschickt, um zehn Jahre lang Mathematik in Entwicklungsländern zu unterrichten. In diesem Fall läuft der Unterricht in Französisch. Sie hatte keine Ahnung von der Parabel im Handel, aber sie zeichnete eine Parabel mit ihrem Fingern in den Sand am Strand des Meeres. Ich sagte ihr, dass es hier im Handel um eine halbe Parabel geht, womit ich sie noch mehr verwirrte. Ich fragte sie auch nach Lazars Kardinalfrage – wie viel ist Svetljos Haus für Svetljo, das auf Kredit gekauft wurde, wert. Sie konnte nichts beantworten, im Gegensatz zu einer anderen Frau, die vor etwa einem Jahr schnell mit einem Bleistift auf einem Blatt Papier den Preis berechnet und VERDOPPELT gesagt hat, so wie ihre Wohnung in Sofia mit den Zinsen auf den "Cent" so viel gekostet hat.

Die Mathematikerin sagte, dass die Zinsen für das Doppelte 100% betragen. Aber die Mathematikerin konnte nicht angeben, dass hier von jährlichen Zinsen in Höhe von 8 % gesprochen wird und die Raten monatlich gezahlt werden. Sie wusste nicht, dass so ein per Kredit gekauftes Haus nicht mit 100% Zinsen, sondern mit 8% an die Bank zurückgezahlt wird und das für 20-25 Jahre. Bei der Aussage war ein Zeuge anwesend. Das kennt jeder in Bulgarien, auch wenn er kein Mathematiker ist – die Rückzahlungsfrist.

Die Mathematikerin verstand nicht, woher der Gewinn von 7.500 Mark im Termingeschäft des Fallbeispiels 22.2.1990 kam, obwohl ich in der Spalte GEGEBEN die sechs Zahlen angegeben hatte, die den Gewinn begründen.

Sie wurden von mir nach sieben Tagen Bedenkzeit mit großer Mühe herausgefunden und zusammengestellt. Die Zahlen herauszufinden, wäre für die Mathematikerin unmöglich gewesen. Die Zahlen waren 5.000, 5, 25.000, 2, 12.500, 7.500. Sie konnte die Zahlen laut Aufgabetext nicht kombinieren und verarbeiten und fragte sich, wie es zu den Gewinnen kam. Sie fragte mich immer wieder, was was sei und ich musste ihr schließlich sagen, dass der Gewinn aus der Differenz des Tauschkurses – 1:5 und dann 1:2 gekommen ist, obwohl die beiden Kurse sowie die anderen Zahlen explizit erwähnt wurden in der Aufgabe! Als die Mathematikerin herausfand, was die Lösung der

Aufgabe war, sagte sie: AAA, also aus dem Kurs kommt der Gewinn!

Ja klar, von den zwei unterschiedlichen Kursen profitiert man, wovon sonst? Wie ich die Aufgabe vorgestellt habe – es ist eine Aufgabe für ein Kind, für einen Schüler der fünften Klasse! Das größte GEHEIMNIS der Aufgabe war, dass das Geld geliehen und in Westmark gefunden werden musste, sonst gab es keinen Gewinn. Ich kann nur vermuten, aber ich bin mir sicher, dass die Mathematikerin dieses GEHEIMNIS nicht entdecken könnte, also habe ich ihr nicht mitgeteilt, wie ich herausgefunden habe – es gibt ein Gewinn! Ich wäre sonst in Schwierigkeiten geraten, warum war es notwendig Geld zu leihen? Wieso?? Und was will dieser Leverage??? Warum muss ich davon etwas wissen????

In der KORABA-Bar in Sinemorets kostete der Kaffee 2 BGN. Ich habe während der Inflation 2 BGN gegeben, und die Bardamen haben mir den tatsächlichen Preis verheimlicht, der 3 BGN geworden war und mir viel später von einer vorübergehenden Stellvertreterin der Bardamen bekannt gegeben wurde. Außerdem habe ich dreimal von jeder Bardame und von einem Barkeeper ein Begrüßungsgetränk bekommen ohne zu bezahlen - sie wollten von mir kein Geld annehmen, obwohl ich sie gebeten habe, zu bezahlen. Im Café Zaharó in Pomorie kostete ein guter Kaffee der Marke Richard 2,50 Leva, anderswo 3 Leva und bei Hombre für die Marke Dabov 3,50 sowie im Café Yuka in Ahtopol für die Marke Caravaggio.

Der Umsatz zum alten Preis von 2,00 im Frühjahr und 2,50 im Sommer bei Hombre betrug mit 200 Kunden pro Tag etwa 500 BGN. Jetzt zu einem Preis von 3,50 für die gleiche Zeit gibt es nur 80 Kunden und der Umsatz beträgt 280 BGN statt 500 BGN! Das Material wie Strom, Wasser, Kaffeebohnen, ein Schluck Milch, Zucker, Glücksspruch ist sehr billig und der Unterschied zwischen jetzt und früher darf nicht berücksichtigt werden. Ich persönlich bestelle jetzt nur noch einen Kaffee für 3,50, und meine Frau mag keinen Kaffee zu diesem Preis und sie kauft einen Cappuccino aus dem Kaffeeautomaten für 0,70 BGN, anstatt einen Cappuccino für 5 BGN von Hombre oder einen Kaffee für 3,50 . So zahlten wir seit Jahren 5 BGN für zwei Kaffees und zahlen jetzt nur noch 3,50 BGN in die Kasse von Hombre. Ein hoher Preis führt zu einer Gewinnminderung, was an der PARABOLA zu erkennen ist! Es wird natürlich von den Händlern nicht erkannt, obwohl sie nicht blind sind und sehen, was für ein großer Gewinn sie vor der Inflation bei einem Preis von 2 oder 2,50 gemacht haben – und wie gering er jetzt bei einem Preis von 3,50 ist.

Ich wünsche ihnen, dass sie die Person finden, die ihnen diese Dinge erklärt (die Mathematikerin wird sicherlich nichts erklären können), so wie ich eine Person suche, die mein Buch liest, und wie Frannie in Salingers Buch eine Person aus dem Theatersaal sucht, die etwas von den Bemühungen des Künstlers versteht. In der Inflation können die Preise einiger Waren von den Händlern GÜNSTIGER gemacht werden, um mehr Kunden oder Käufer anzulocken, so das der Gewinn größer oder mindestens gleich zu dem vor der Inflation ist.

Wieder in Zaharoto habe ich ein junges Paar IT-Spezialisten interviewt, Deutsche, die sehr gut Bulgarisch sprechen und in Sofia arbeiten. Sie beschwerten sich bei mir, dass ihr Gehalt niedrig sei, aber ich wechselte das Thema zu Leverage, von dem sie nichts wussten. Sie sagten, sie seien aus Stuttgart, und ich sagte ihnen, dass für sie automatisch der Ausdruck "Schaffe, schaffe, Häusle baue" zutrifft. Das bedeutet, dass die Menschen in Baden-Württemberg Häuser bauen. Das sei heutzutage undenkbar, sagten sie - die Preise der Baufirmen pro Arbeitsstunde sowie Material sind furchtbar teuer geworden, deshalb wohnen sie in Sofia, die Miete sei geringer. Ich habe ihnen die Hebelwirkung durch die Rede des kleinen jungen Mannes vor Jahren vor dem Hombre Cafe um 22 Uhr erklärt - "Sie wurden überredet, es zu tun!" – der größte Ausspruch der Welt!.

Sie waren furchtbar überrascht, sie wurden wütend und neidisch und ich provozierte sie obendrein damit, dass ihre Väter sich nicht um ihre Kinder gekümmert hätten und Lazars Frau, eine Bankangestellte bei der Deutschen Bundesbank, sich auch nicht darum gekümmert hat. Durch Vorsorge für ihre beiden Kinder, jetzt 25 Jahre nach 1997 hätten sie beide heute ein Eigenheim ohne einen einzigen Euro dafür bezahlt zu haben! Ich musste auf der Sekunde vom Tisch aufstehen und den Weg, den weichen Fluchtweg, Mecchio, nehmen, damit sie mich nicht verprügeln, weil ich ihnen den Tag verdorben habe! Zum x-ten Mal zeigt sich und kommt ans Licht, was für ein schlechter Mensch ich bin!

Ich werde mich nicht mehr ändern! Ich bleibe wie ich bin nach dem bulgarischen Gebot „Sei wie du bist!“. Ich habe immer gesagt: "Nur wer sich ändert, bleibt sich treu."

Ich sehe hier keinen Widerspruch, denn nachdem ich mich verändert habe, bin ich mir selbst treu und bleibe wie ich bin!

## FAZIT (22.2.2022)

Lazar ist ungebildet. Er ist ein Naturtalent, hat einen klaren Sinn und Urteilsvermögen. Wie kein anderer hat er mir mit Worten in meinem Leben geholfen, materiell besser zu werden. Und von da an habe ich es geschafft, in jeder Hinsicht und jedem Bereich besser zu werden. Dafür bin ich ihm dankbar!

Ich bin anders als eine Million armer Rentner unterhalb der Armutsgrenze, denen ich ab und zu sagen und anmerken wollte, wie es läuft, aber sie haben mir nicht zugehört und mich ausgelacht.

Ihr Lachen ist dann der Grund, warum es ihnen jetzt nicht gut geht! "Du sagst ihm, was er tun soll, er leugnet es, lacht dich aus und macht dich lächerlich, und jetzt sieht er sich leiden und sucht den Grund für seine Situation bei anderen Menschen und im Staat." Diese letzten beiden Sätze sind nirgendwo auf der Welt genau aufgezeichnet, sondern vielleicht nur angedeutet! Das ist das Schlimme! Das Gute ist, dass geschrieben steht: "Der Verstand denkt, der Verstand regiert, der Verstand füttert die Enten!".

Hüten Sie sich vor Menschen, die andere Menschen schelmisch auslachen!

Denn bekanntlich ändern sich die Dinge – aus Lachen wird Weinen!

Einige grundlegende Dinge bleiben! Es sollte überlegt werden, welche sie sind und was sie nicht sind!

„Die Show muss weitergehen“, für mich ist sie soweit gegangen, dass sie jetzt enden muss! Lass es nicht mit Tränen enden, sondern mit den schönen Kindheitserinnerungen. Wir haben erwähnt, dass Tom Sawyer eine gute Kindheit hatte. Seine Tante brachte ihm das Arbeiten bei, indem sie ihn dazu überredete, Zaunpfähle zu streichen. Sie tat dies im Gegensatz zu anderen Müttern und Tanten, die ihren Kindern das Arbeiten nicht beibringen. Wenn sie auch eine Eismaschine besessen hätte, hätte sie Tom während der heißen Sommertage im Süden der Vereinigten Staaten zweifellos zum Meisterverkäufer dieses Kindervergnügens gemacht. Es geht also nicht nur um Handel, sondern auch um Arbeit!

Ich hatte auch eine schöne Kindheit.

Ich habe ein Zitat aus einem anderen veröffentlichten und gedruckten Buch von mir gefunden, das darüber spricht: "Fünf Meter von unserem Tisch im Restaurant entfernt befand sich das Haus von Andon und Ivanka Kovachevi, in dem ich lebte, nicht nur für mich, sondern auch für die ganze Kindheitswelt, die schönste Kindheit der Welt, die man sich vorstellen kann. Außer vielleicht Tom Sawyer, aber der hatte keine Eltern und lebte bei seiner Tante Polly. Ich hatte Eltern und Tanten und Großmütter und eine Schwester, gute Lehrer und viele Freunde und alles auf der Welt. Ich habe in dieser Zeit nie etwas vermisst. Ich habe dort fast 10 Jahre gelebt, von Anfang 1945 bis Anfang September 1954, als ich noch 13 Jahre alt war, zogen meine Eltern nach Sofia." – Ende des Zitats.

Aus dem zitierten Text ist ersichtlich, dass ich mir nicht sicher bin, wer eine bessere Kindheit hatte – Tom Sawyer oder ich? Lassen Sie dies ungeklärt bleiben, ich möchte dessen nicht sicher sein, ich möchte vielmehr etwas Wichtiges über die Kindheit hinzufügen. Tom Sawyer und ich hatten keine Eismaschine. Lazars Sohn hatte eine solche Maschine, aber seine Mutter verbot ihm, sie zu benutzen! Für solche Mütter und für solche Verbote sollte ich ein ganzes Buch unter dem Motto FLÜCHTIGE ERINNERUNGEN schreiben. Das würde bedeuten, dass ich, wie viele Autoren, die sich mit diesem Thema beschäftigt haben, erklären möchte, wie Frauen sind. Und sie sind unerklärlich!

Es würde bedeuten, dass mein zukünftiges Buch, genau wie das jetzige, nur ein Versuch sein wird – etwas zu erklären.

Meine folgende Erklärung ist vollständig, nicht nur ein Versuch. Meine Großmutter mütterlicherseits sagte damals immer zu mir: "Du sollst nicht von mir verlangen, dass ich einen Stern dir vom Himmel hohle!" Meine andere Großmutter väterlicherseits lehrte mich immer: „Sei vernünftig!

Du willst nicht etwa das Rad von der Lokomotive ausbauen!“

Heutzutage stellt sich heraus, dass die alten Großmütter weg sind und die neuen nicht wie die alten sind. Das heißt, jemand aus Schweden und Norwegen hat sie ersetzt und erzieht die Kinder, bzw. belügt sie, dass die alte Kultur nicht mehr gelte und fortan antiautoritäre Erziehung herrsche. Dann sollte es wahr sein, dass der Sohn von Lazar Eis verkaufen darf – nach der neuen Masche dürfen Kinder alles machen, es wird ihnen nichts verboten. Wenn er wollte! Aber was, wenn er kein Eis verkaufen will? Sein Vater hat kein Recht, ihn dazu zu bringen, Eis zu verkaufen – wie es Tante Polly mit Tom Sawyer getan hat. Es bedeutet, dass der Sohn faul bleibt und harte Arbeit nicht lernen kann. Vielleicht ist dies das Ziel frischgebackener Ehefrauen und Großmütter? Das wäre eine logische Erklärung!

Früher ging es um den gesunden Menschenverstand. Auf Deutsch "Der gesunde Menschenverstand". Seit Jahrzehnten ist mir dieses Wort nirgendwo begegnet - es wurde aus der modernen Sprache gelöscht. Und in den deutschen Texten ist es nicht mehr da - wo es nötig ist! Kein Wunder, dass junge Männer und Frauen nicht den „richtigen“ oder „geraden Weg“ gehen – so etwas gibt es nicht mehr. Mein Vorschlag ist, dass sie den "sanften Weg" gehen, der Fluchtweg, mecchio.

Hauptsache die junge Leute fühlen sich wohl! Ob sie es wirklich sind, wie sie sich fühlen?

## POSTSKRIPT

Die Show muss enden!
Es stellt sich heraus, dass zwei Jahre und zwei Monate vergangen sind, seit ich begonnen habe, diese Memoiren zu schreiben. Ich habe keine einzige Person gefunden, der etwas Geschriebenes von mir gefallen hat, um sie, oder ihn zu einem Whiskey und Soda ins Hombre Cafe in Sinemorets einzuladen, wo wir werden ein paar nette Worte austauschen. Die anderen, denen das Buch nicht gefallen hat, tun mir irgendwie leid. Es ist ihr Job, jeder hat sein Recht, was ihm gefällt und was nicht. Viele Leute wollten das Buch nicht lesen, aber ich wollte, dass sie es sich ansehen. Ich gebe mich aus, ich will mich nicht verstecken wie die anderen.

Ich kam auf die Idee, Geld an jeden zu zahlen, der sich bereit erklärt, es diagonal zu betrachten, um sich mit meinem Forward-Deal, mit der Rede des jungen kleinen Mannes, abends nach 22 Uhr im Hombre-Café vertraut zu machen, und mit vielen anderen und wichtigen Dingen. Also gebe ich Geld für Müll, wie die Situation eines jungen Mannes, der eine Freundin suchte, analog im mazedonischen Märchen „Pflaumen für Müll“ beschrieben wird. Neben dem Nehmen gebe ich ein Beispiel für das Geben. Es mag jemandem scheinen, dass dies ein Aphorismus ist, für den ich die Idee vom Autor von

Aphorismen aus Shumen übernommen habe. Dies ist jedoch definitiv nicht der Fall.

Ich muss zitieren, was die Ursache für das Auftreten der Wirkung ist – das Geben von Geld. Als ich einen Stammbaum machte, bekam ich Nachrichten von mehreren Verwandten, darunter zwei Cousins mit Angaben über einem Arzt, der über mir und über ihnen im Stammbaum steht und Geld gab (so wie ich geben möchte), anstatt dass Patienten für die Untersuchung und für die Medikamente bezahlt hätten. In den dreißiger, vierziger und fünfziger Jahren gab es keine Versicherung, die private Ärzte bezahlte, und Krankenhäuser hatten zum Beispiel manchmal kein Penicillin. Früher verlangten Ärzte eine Gebühr für eine Untersuchung, also bauten alle etwa 50 Ärzte in Yambol ihre eigenen Häuser – nur einer von ihnen konnte dies nicht!

Ich zitiere einen der Cousins: "Dimitar war nach 1935 nicht nur Armenarzt von Yambol und nahm kein Geld für seine Untersuchungen, sondern oft sogar zusammen mit dem Rezept gab er Geld für die Medikamente."

Der andere Cousin berichtete: „Ich habe eine andere Erinnerung an diesen Arzt. In der fünften Klasse hatte ich einen Klassenkameraden Krasimir, wir nannten ihn Giusto, ich schätze, er hat einen italienischen Film gesehen. Ich erinnere mich leider nicht an seinen Nachnamen. Giustos Mutter stammt aus Jambol und hat meine Mutter bei einem Elterntreffen kennengelernt. Das heißt beide haben sich wiedererkannt und sich unterhalten. Eines Tages sagt mir Giusto, dieser Arzt hat mir das Leben gerettet. Und er erzählte mir, als er ein Baby war, es war in den frühen 50ern, weil wir Klassenkameraden waren, wurde er sehr krank, mit hohem Fieber usw. Die Ärzte sagten, dass er sterben würde, wenn ihm kein Penicillin gegeben würde. In Jambol gab es nirgendwo Penicillin (das waren die Nachkriegsjahre), seine Mutter erinnerte sich an diesen Arzt und ging zu ihm. Er hatte Penicillin (ich schätze von Sofia), gab es ihm und es ging ihm besser. Giusto sagte, er habe für nichts Geld verlangt, auch nicht für Penicillin, das damals teuer war. Ich erzählte diese Geschichte meiner Mutter und sie rief den Arzt an und erzählte es ihm. Dann erzählte sie mir, er lachte und sagte: "Oh, ich habe vergessen." Ja, in der Tat, dieser Arzt hat vielen Menschen geholfen.“

Es ist gut, jemanden zu haben, der einem hilft, wenn man in Schwierigkeiten ist.

Der Helfer gibt also neben seinem Wissen, Können und Arbeitskraft auch Geld, sofern er es bekommen muss.

Wenn eine Person nicht in Schwierigkeiten ist, möchte sie nicht geholfen werden. Dann nützt mein Buch auch nichts. Es stellt sich die Frage: "Was hilft wem, wozu, unter welchen Bedingungen, wann und wie?"

Diese Frage kann sich jeder für sich selbst beantworten.

Ich habe bereits gesagt, dass es viele ANDERE Dinge in meinem Buch gibt. Ich habe ein Haus gekauft, und ein anderer, ein Arzt, hat kein Haus gekauft. Da ist ein Unterschied! Unter anderem gibt es Unterschiede! Und hier und da gibt es Übereinstimmungen und Zufälle. Der Unterschied zum Bösen und die Übereinstimmung mit dem Guten – jeder kann es sehen und verstehen. Derjenige, der es nicht kann, soll Rüben essen! КОЙТО НЕ ЩЕ – РЯПА ДА ЯДЕ!

„Wer nicht geht auf Flüge
Der frisst rote Rübe!“

Ich habe wichtige Lebensinhalte erklärt, doppelt und dreifach erläutert. Meine Ehefrau hat das Buch berichtigt und korrigiert. Am Ende hat sie gesagt: “Niemand hat etwas von deinem Buch verstanden!“ Ich bin von ihrer Aussage nicht überrascht. Mein Buch führt zu Missverständnis. Überrascht bin ich nur von mir selbst – wenn ich solch ein Ergebniss bewusst erzielen wollte - ich hätte es nicht geschafft.

Alles ist strittig, ich möchte das nicht mehr ändern, es soll so bleiben, wie es ist. Ich möchte keine Klarheit verschaffen.

Ich möchte nur sagen, was ich weiss.

Ich weiss, ich habe ein Haus, ich weiss wie ich das erreicht habe. Ob meine Frau es auch weiss?

Ich weiss, Lasar hat kein Haus, für mich wäre es schön, er hätte ein Haus erstanden. Er selbst wollte und hätte konnen drei Häuser kaufen und besitzen.

Der Vietnamese Duy hat ein Haus und ich weiss wie er es erreicht hat. Es gibt nicht alles für alle, sondern nur etwas für einige! Demnach sollte an Stelle des Vietnamesens, Rohland ein Haus haben, ich hätte es gewusst wie er es erreicht hätte.

Ich weiss, dass ich manches weiss, obwohl mich niemand danach fragt! Ich weiss, dass es besser wäre, jemandem etwas zu verraten, obwohl er, der Bedürftige, selbst das nicht haben wollte und will! Lazar und ich rannten den Leuten nach, um ihnen etwas Einfaches beizubringen. Je weiter wir rannten, desto schneller flüchteten sie.

Ende